GERMANISCHE GÖTTER

Rudolf Herzog
Germanische Götter

MODERNEZEITEN

– Bibliografische Information der Deutschen Nationalbibliothek –
Die Deutsche Nationalbibliothek verzeichnet diese Publikation in
der Deutschen Nationalbibliografie; detaillierte bibliografische Daten
sind im Internet über http://dnb.d-nb.de abrufbar.

IMPRESSUM

ISBN: 978-3754383568

RUDOLF HERZOG: GERMANISCHE GÖTTER

[Ursprünglicher Titel: Germaniens Götter]

Print-Originalausgabe: Verlag Quelle & Meyer, Leipzig, 1919

Neuausgabe 2022 (Print/eBook) by © ModerneZeiten®

Neu überarbeitet und in aktualisierter Rechtschreibung

Lektorat: R. Steinheimer | Endlektorat und
Umschlaggestaltung: das_redaktionsbuero

Schwarzweißzeichnungen von Robert Engels

Hrsg: © ModerneZeiten | modernezeiten@das-redaktionsbuero.de

Gesetzt aus der Garamond

Herstellung und Verlag: BoD – Books on Demand, 22848 Norderstedt

Dieses Buch gibt es auch als eBook,

z. B. im amazon Kindle Bookstore

Inhalt

Vorbemerkung des Herausgebers

DIE GERMANISCHE MYTHOLOGIE war nicht weniger hoch entwickelt als jene des Mittelmeerraumes. Der Unterschied zur römischen und griechischen Götterwelt: Es gibt so gut wie keine originären schriftlichen Aufzeichnungen, sondern nur solche aus zweiter Hand, meist überliefert durch die römischen Besatzer. Auf Grund der zunächst rein mündlichen Weitergabe haben sich seit der vor-römischen Eisenzeit (800 v. Chr. bis Christi Geburt) bis ins Mittelalter stets neue Schichten von mythischen Erzählungen, die sich zudem in einzelnen Regionen unterschiedlich entwickelten, übereinandergelegt.

So gibt es zahlreiche Überschneidungen, Neuinterpretationen und sogar Widersprüche und man kann weder zeitlich noch örtlich von einem geschlossenen Sagenkreis sprechen. Die Grundanschauungen aber, und auch die wichtigsten Götter und Göttinnen finden sich jedoch, wie Sprachvergleiche beweisen, bei Nord- und Südgermanen übereinstimmend. Und auch zur griechischen und römischen Götterwelt gibt es letztendlich viele Bezugspunkte. – Bei den heute bekannten germanischen Sagen dominieren jene aus dem nordgermanischen (skandinavischen) Raum. Aus den zentralgermanischen Gebieten (z. B. heutiges Deutschland) sind so gut wie keine originären vorchristliche Texte überliefert.

Vergleichende Befunde aus unterschiedlichen Wissenschaftsgebieten lassen vermuten, dass der heute bekannteste Sagenkreis der Asen um die Hauptgottheiten Wodan/Odin ›Göttervater‹, Ziu/Tyr, Donar/Thor und Frija/Frigg ein eher jüngerer ist und auf die Zeit kurz vor Christi Geburt zurückgeht. Die erste Erwähnung eines Gottes, den man mit Odin gleichsetzen kann, stammt aus einer römischen Quelle. Der früheste schriftliche germanische Beleg für den Götternamen ›Odin‹ stammt dagegen erst aus der Zeit um 725 *nach* Chr., gefunden auf einem mit Runen beritzten Schädelfragment.

© *Redaktion ModerneZeiten, 2022*

Geleitwort des Autors

VON DEN GÖTTERN spricht dies Buch. Von Germaniens Göttern. Immerdar sind eines Volkes Götter das Abbild seiner innersten Art gewesen, seiner Tugenden, seiner Fehler, seiner verlangenden Sehnsucht. Wenn unsere Väter zu den Göttern riefen, riefen sie an, was an Kraft und Zuversicht bewusst oder unbewusst in ihnen selber lebte, sahen sie Wunsch und Willen im Lichte eines überirdisch gesteigerten Mannes- und Heldentums.

Ein Volk, das seiner Götter vergisst, vergisst seines Ursprungs, seiner Ahnen, seiner selbst und seiner Wurzelkraft. Wer sich seiner Herkunft und Vergangenheit schämt, baut seine Zukunft in den Wirbelwind. Aus den rauen Wäldern Germaniens stammen wir, stammen unsere Götter. Nicht aus dem sonnentrunkenen Hellas und dem hochmuttrunkenen Rom. Den Göttern Griechenlands, den Göttern Roms unsern Gruß. Germaniens Götter grüßen euch mit derselben Stimme der Unsterblichkeit!

Rudolf Herzog   *[gekürzt, red.]*
Oktober 1919

Über den Autor

RUDOLF HERZOG (1869–1943) war ein deutscher Journalist und Schriftsteller, dessen zahlreiche Bücher zu Anfang des 20. Jahrhunderts regelmäßig Bestseller-Auflagen erreichten. Stark nationalkonservativ gesinnt, stand er ab 1932 dem Nationalsozialismus nahe; nach dem Krieg geriet sein Werk weitgehend in Vergessenheit. Vorliegendes Buch »Germaniens Götterwelt« entstand 1918, also deutlich vor Herzogs politischen Verirrungen. Ungeachtet der späteren NS-Nähe des Autors, liefert dieses Werk eine weitgehend ideologiefreie, spannende und eingängige Darstellung der germanischen Götterwelt. Ein Rezensent schrieb im Jahr 2022: »Noch nie habe ich ein Buch gelesen, das so spannend die Zusammenhänge der nordisch-germanischen Götterwelt erzählt!«

GERMANISCHE GÖTTER
Der Götter Erscheinen

REGUNGSLOS LAG DIE WELTSEELE ...

Über der Leere lag sie, der ungeheuren, die nicht Wasser noch Erde wies, nicht Feuer noch Luft. Nichts als die leblose Leere. Starr und unendlich. Regungslos lag die Weltseele über der toten Leere. Bis dass sie träumte ... Leben träumte sie ...

Und als der erste Traum durch die Weltseele rann, war es wie ein erstes, wärmendes Leben, und aus der aufsteigenden Wärme sprang wie ein Funke der *Gedanke*, der zur Flamme wurde und aufloderte in die Leere.

Das *Feuer* war in die Welt gekommen und stand, eine Welt für sich, hoch und heiß und sengend am Rande der Leere. *Muspelheim*[1] hieß diese Welt, und Feuergeister waren, was aus der Weltenseele in sie hinübergeglitten war.

Weiter sann die Weltseele. Und sie sann hinter dem feurigen Gedanken her, der Muspelheim entzündet hatte und nun unaufhaltsam war. Nicht Wärme, nicht Kälte hatte die ungeheure Leere gekannt. Nun aber, da an ihrem Südrand Muspels Flammen lohten, ward sich der Nordrand der Kälte bewusst, und die dunklen Nebel brauten, dass es eine Welt voll Nebel war und *Niflheim*[2], Nebelheim geheißen. Die Nebel aber stiegen auf und wurden *Luft*, und sie stiegen nieder und wurden *Wasser*. Und die Wasser Niflheims strömten in die ungeheure Leere, die sie zur Eisschicht erstarren ließ, und die Wasser strömten immerzu, und Eisschicht lagerte sich über Eisschicht, bis die Leere ausgefüllt war. Und die Stürme, die aus Niflheims Luft wuchsen, zermürbten die Decke zu Schnee und Reif, und die Glut, die aus Muspelheims Flammen hinüberlangte, mischte Glutasche hinein und schmolz das Wasser hinaus, dass *Erde* wurde und aus

---

[1] *Muspelheim*: Welt des Feuers im Süden, am Rand des Weltenbaumes Yggdrasil

[2] *Niflheim*, auch Nebelheim genannt; Welt im Norden des Weltenbaumes Yggdrasil mit Kälte, Eis und Stürmen

Erde, Wasser, Feuer und Luft die Wildnis der *Erdenwelt*[3]. So ward die Erdenwelt geboren und geschwängert von allen Gedanken der Weltseele.

Die irdischen Gedanken aber lagen nahe der Oberfläche und drängten nach Form und Gestalt, hastig und ungeschlacht, während die göttlichen Gedanken noch in der Tiefe lagen und über Vollkommenheit sannen. Und als der Funkenregen, der von Muspelheim herüberstob, kaum erst die oberste Reifschicht durchbrochen und die vorgeschobenen, die irdischen Gedanken der Weltseele mit seinem lebensheischenden Anruf getroffen hatte, rissen die noch unvollkommenen sich los, griffen nach dem rohen Stoff und gedachten wenig des göttlichen Geistes, und als Erstes entstand ein Ungetüm, das alle Erde, die da wurde, in sich fraß, und alle Wasser, die da rauschten, in sich schluckte, das alle Luft aufsog und alle Feuerwärme für sich begehrte – der *Riese Ymir*[4].

Der Riese Ymir wälzte seinen immer hungrigen und durstigen Leib im dampfenden Reif, und wo er ausruhte, drohten seine massigen Gliedmaßen das junge, lebenshegende Erdreich zu ersticken. Und als er sich übernommen hatte an Speise und Trank und ächzend lag, rieb er im Angstschweiß seine Hände, und es sprang ein neues Riesenpaar heraus, das dem Vater beistand im Fressen und Schlucken, und er rieb seine Füße aneinander, da zeugten auch diese ein Riesenpaar, das noch ungefüger war, als das erste. Sie alle aber wussten nichts, als ihren Bauch zu mästen und Kinder zu zeugen, die dasselbe taten, und die Luft mit ihrem Brausen und Brüllen zu erfüllen.

Als der Riese Ymir, unreifer Gedanken voll, sich ins Leben gewälzt hatte, drängte eine Schar unruhiger, flatternder Gedanken ihm nach, fanden aber, bei Ymirs gewaltsamer Ausdehnung, nicht genug des Rohstoffes mehr, um sich einen irdischen Körper zu schaffen, und fuhren in Grimm und Unlust als wütende und boshafte *Gespenster* durch die Luft und das Land. Schrate und Trolle[5] wurden sie und Maren, Truden und

---

[3] Die *Erdenwelt* entstand aus den Elementen Erde, Wasser, Feuer und Luft aus den Kräften von Muspelheim und Niflheim.

[4] *Ymir*: Der Ur-Riese, den die Götter Odin, Hönir (Wili) und We erschlugen, weil er die entstehende Erdenwelt zu verschlingen begann. Aus seinen Überresten entstand die Erdenwelt Midgard.

[5] *Trolle und Riesen* bewohnten die Welt Utgard im Yggdrasil

schwarze Alben. Steckengeblieben waren sie in ihrem Werden zwischen Irdischem und Göttlichem, überragten das rohe Riesengeschlecht an Witz und Geist, reichten dennoch nicht heran an das Erhabene, das dem Geist erst seine edle Führung gibt. Unstet und zerfahren, ohne Zucht und Ordnung, vermehrten sie den Wirrwarr, den die riesischen Urnaturen verübten, jagten mit ihnen gemeinsam und hockten ihnen auf, krochen zwischen sie und hetzten sie gegeneinander durch Stoßen, Treten und Zerren, und freuten sich aus sicherem Versteck, wenn die Ungeschlachten übereinander herfielen und brüllend die eben erst gewordene Erde zusammenstampften. So wetteiferte das ungezügelte Geisterheer mit den rohen Naturgewalten der Riesen, die junge Erdenwelt nur als Tummelplatz aller wilden Lüste zu nutzen und jede Entwicklung zu einer höheren Welt im Keim zu ersticken.

Der göttliche Gedanke jedoch hatte nicht brach gelegen. Langsamer, als die eilfertig und verwahrlost Schwärmenden, aber unaufhaltsam, forschend, sich klärend, neuschöpfend, drang er aus der stillen Tiefe empor zum Licht. Er nahm *nur* die wenigen und die edlen Stoffe, die dem stumpfen Blick der Riesen entgangen und der Gier der Gespenster zu gering erschienen waren, und gab dem Geist die Vorherrschaft über den Körper. Schlank und ebenmäßig formten sich die Glieder, ein jedes untertan der Verrichtung, die es erfüllen sollte, und sinngemäß danach erschaffen. Stark wölbte sich die Brust, straff spannten sich die Muskeln, blau blitzten die Augen und goldfarben wehte das Haar. In der Wärme des Tags stand *der erste Gott*. Und er nannte sich Buri[6].

Gewaltig in wilder Naturkraft stand der Riese Ymir. In Schönheit stand Buri, der Gott, und sein Geist war höher als des Riesen Felsenhaupt.

Und als der erste Gott geruhsam erforscht hatte, was der Erdenwelt not tue, schuf er sich lächelnd um in seinen Sohn Bur, der sonach erdgeboren wurde aus göttlichem Geist und sich ein Weib aus der Riesen Geschlecht wählte und sich aus ihr heraus, zum dritten Mal, neu erschuf in drei Söhnen, *Wodan*[7], *Wili*, *We*. Damit die erhabenen Götter das gerechte Empfinden behielten für irdische Dinge.

---

[6] *Buri*: Stammvater aller Götter; entstanden aus den reinen göttlichen Gedanken und durch die Milchkuh Audhumla

[7] *Wodan*, siehe Odin

Asen[8] nannten sie sich, die ›Göttlichen‹. Ihr Haupt und Held war *Wodan.* –

Immer noch lag die Erdenwelt wie eine wüste Wildnis. Ymir, der Fresser und Säufer, lastete mit seiner zahllosen Sippe zu schwer auf ihr, als dass sie hätte atmen und gedeihen können. Über ihre ganze Länge und Breite schob sich schon sein Leib. Sein Blick aber ging nicht weiter als bis zu der tückischen Geisterschar, die ihn mit blödem Blendwerk umgaukelte und ihn und seine Sippe billigen Zauber lehrte statt fruchtbringende Arbeit. Dreimal hatten sich die erhabenen Götter umgeschaffen, um immer vollkommener zu werden für die Größe ihrer Sendung und ihrer Aufgabe. Das ungeschlachte Riesengeschlecht hielt sich für vollkommen, wie es roh aus dem Reif stieg, und griff mit tölpelhaften Händen nach den Erzeugungen der Erdenwelt, um sie zu vertilgen, statt zu vermehren und zu veredeln. So verschwand die Erdenwelt im unersättlichen Bauch Ymirs und seiner Sippe, und alles Weiterwerden drohte zu vergehen.

Wodan, der junge, sah es, und er rief Wili und We, seine Brüder, und sie gingen zu Ymir, als er auf dem Rücken lag und verdaute. Das war sein einzig Tagewerk.

»Wozu bist du hier?« fragte ihn Wodan.

»Ich bin hier, um zu leben«, knurrte Ymir böse. »Die Erde sorgt, dass ich wachse.«

»Nein«, sagte der Ase, »du lebst, damit die *Erde* wachse. Kannst du Weiteres verstehn? Steh auf und schaffe.«

* * * * *

Da drehte sich der Riese wie ein Flegel auf den Bauch und wies die Kehrseite, dass die Männer und Weiber seiner Sippe vor Vergnügen brüllten und sich das Missgunstvolk der Maren und Schrate, der Truden und Alben meckernd in der Luft überschlug.

Wodan lachte über die Welt hin.

»Packt an«, gebot er den Brüdern. Und sie packten den ungefügen Erdenkloß, den Erdaussauger, zu dritt, hoben ihn hoch und zertrümmerten ihn an dem Felseneis.

---

[8] *Asen*, auch ›die Göttlichen‹ genannt. Die ersten waren die Brüder Odin, Hönir und We (Vé). Die Asen bewohnten Asgard.

Krachend schlug Ymirs Riesenleib über die Erde, dass sie fast zerschmettert war und in kreischendem Getöse bebte und schütterte. Brausend und alles mit sich reißend schoss aus dem zerplatzten Riesenleib das Blut, und so gewaltig und ungeheuerlich waren die Blutströme, dass sie die Erdenwelt überschwemmten, die gähnenden Klüfte in schäumende Seen wandelten, bis zu den Gipfeln der Eisberge stiegen und alles Lebende ersäuften. Das Riesengeschlecht watete durch die Fluten. Das brüllende Lachen war ihm vergangen. Das Blutmeer stieg ihm an den Hals. Männer hoben ihre Weiber, Weiber ihre Kinder auf die Schulter, dass sie sich auf die Eisberge retteten. Mit entsetzten Blicken hingen sie an den Höhen. Und eine heulende Blutwoge schlug sie herunter und ertränkte und erstickte sie im Knäul der zappelnden Riesenleiber. Als die Sintflut sich verlief, war Ymirs Geschlecht vertilgt. Nur in ferner Ferne fuhr noch ein einziger Riese mit seinem Weib auf einem Floß dahin, ließ sich von der verlaufenden Flut treiben weithin bis ans Ende der Welt – und entkam.

Auf dem höchsten Grat, hoch über der Sintflut, stand Wodan mit seinen Brüdern.

»Sieghaft auferstehn soll der erhabene Geist über die rohen Stoffgebilde. Beseelen soll er die wilden Naturgewalten, sie zur Ordnung leiten und zu schöpferischer Arbeit. Nur das ist Leben.«

Über die Sintflut hinweg jagte das heulende Heer der Spukgestalten und suchte sich in kreischender Angst vor dem Blick des gewaltigen Gottes zu verbergen.

»Verruchtes Volk der Halbheit«, ergrimmte der Gott. »Von den Göttern holtest du Wissen und wandeltest das Göttliche in gemeine Lüste und billigen Zauberspuk, der die Irdischen gierig macht in die Tiefe und ihre Augen für das Höchste verblödet. Ich fege euch weg!«

Und wie der Sturmwind fuhr Wodan hinaus und würgte zwischen den Händen, was er erfassen konnte von den tausenden von Trug-Gespenstern, und hing die erdrosselten an seinen Gürtel. Und nur wenige waren, die ihm in den Ritzen und Ranken entkamen.

Der wilde Jäger kehrte zurück. »Ich werd' dich noch jagen manche Sturmnacht, lichtscheues Gesindel«, lachte er in den Bart, warf seine Last ab und strich sich aufatmend über die Brauen. »An die Arbeit jetzt!«

»Du bist Haupt und Held«, sprachen Wili und We, die Brüder, »*Allvater* bist du, und ein Führer muss sein selbst unter Göttern. Wir ratschlagen mit dir. Dein ist der Befehl!«

Da ratschlagten die Götter in ernstem Wägen, um eine Ordnung zu schaffen, in der ein jedes seinen Platz erhielte und seine Bestimmung. Und sie nahmen den Schädel Ymirs und richteten ihn auf ragenden Säulen als Himmelskuppel auf, und das Gehirn ward zu Wolken, die das Wetter bargen. Aus Ymirs Fleisch schufen sie das gesättigte Erdreich, aus den beinernen Knochen Stein und Fels, aus dem wirren Haar Bäume und Gesträuch, aus dem Blut das brausende Meer. Sie zogen dem Riesen die scharfen Wimperhaare aus und bauten aus ihnen kreisrund um das wirtlichste Land einen mächtigen Wall gegen das ungebärdige Meer und die Tücken der zum Weltende entflohenen Riesen. Und sie nannten das inmitten gelegene Land, das von einem neuen Geschlecht bevölkert werden sollte, *Midgard*[9]. Und den Himmel, den sie als Wohnung der Asen bestimmten, nannten sie *Asgard*[10]. Die Funken aus Muspelheim fingen sie auf und hingen sie als Leuchten an den Himmel. Die außengelegene Welt aber, in die sich die letzten Riesen und das irrlichternde Volk der Alben und Trolle geflüchtet hatten, nannten sie *Utgard*, und tief unter die Erde verwiesen sie Niflheim, die Nebelhölle, die Totenwelt.

Und Allvater sprach: »Der göttliche Gedanke hat sich noch nicht erschöpft. Zusammen ruf ich seine ganze Kraft.« Und er hob die Hände an den Mund und stieß einen Ruf aus, der in die Tiefen der Unendlichkeit ging: »Herbei, was göttlich ist in aller Weltenseele seit Urbeginn!«

Da stieg aus der fruchtbar gewordenen Erde *Frigg*[11] hervor, die erste Göttin, und lehnte sich an Wodans Schulter. Und es sammelte sich ein Kreis lichter Gestalten um den obersten Gott, und sie alle suchten ihren Platz und hörten Wodans Gebot. Eine Schar der Lichtgötter aber, die

---

[9] *Midgard*: Wohnort der Menschen in der Mitte des Weltenbaumes Yggdrasil

[10] *Asgard*: Wohnstätte der Asen (Götter)

[11] *Frigg*: Gemahlin Odins. Sie gebar ihm mehrere Asen-Söhne. Darunter den lieblichen Baldur

sich *Wanen*[12], die Wissenden, nannten, jauchzten in die junge Welt hinein, fassten sich an den Händen zum Reigen und schwangen sich, des Jubels voll, hoch in die frühlingslauen Lüfte. Von der Stätte der harten Arbeit verloren sie sich im Spiel, und sie beschlossen, singend und klingend, ein milderes Reich im Reich zu gründen unter der Herrschaft der Schönheit und des Glücksgenusses.

Mit den erstgewordenen Göttern, den Göttern seit Urbeginn, stieg Wodan auf gen Asgard, die Schöpfung zu vollenden, zu veredeln, zu leiten.

Die Erdenwelt war lebendig in der Natur. Allvater gedachte, ihr das göttliche Leben zu geben in dem *Menschen*. –

Unter den Urgöttern aber stand an ragender Stelle der Schwertgott Tuisko, *Teut*, der den Mannus zeugte, den Mann. Mannus gab drei Söhnen das Leben, Ingo, Isk und Irmin. Sie wurden die Stammväter der Ingävonen, der Iskävonen und der Erminonen, der drei Hauptstämme der Teutmänner, *der Deutschen*.

---

[12] *Wanen*: Unterhalb von Asgard im Weltenbaum Yggdrasil lag das Wanen-reich (Wanaheim). Die Wanen waren Lichtgötter, die einer Welt der Schönheit und des Genusses frönten und damit auch den Menschen in Midgard das Gold und Glück bringen wollten. Odin missbilligte dieses Vorgehen und sah mit Angst auf die Abkehr der Menschen vom wahren Glauben an die Götter. Mit seinem Sturmross ›Sleipnir‹, den Raben ›Hugin‹ und ›Munin‹ und Wölfen ›Geri‹ und ›Freki‹ zog Odin gegen die Gespenster, nämlich die Schwarzalben und Truden, die Maren und Schrate, die seine Menschen verführen wollten.

Der Menschen Werden
und Wachsen

IN ASGARD SAß WODAN, der Götter Haupt und Held. Eine Türschwelle
hatte er vor dem Götterheim zu einem Hochsitz geschichtet. Wohl
erwählt war der Platz, denn von dem Hochsitz aus überschaute Allvater
die ganze Welt und alles Werden und Vergehen. Und er sah mit durch-
dringendem Auge, dass im Leibe der Erde ein seltsam Leben wimmelte.

Er berief den Götterrat, und sie erforschten, dass des Riesen Ymirs
träges Fleisch voller Maden gesteckt habe, die sich, mit der Verwandlung
von Ymirs Fleisch in fruchtbaren Erdboden, ebenso zu einer höheren
Stufe entwickelt hatten und als absonderliche *Zwerge* und *Wichte* zwischen
den Rippen der Erde wühlten. In guter Laune formten und feilten die
Götter an den drolligen Gestalten, ohne sie um vieles schöner heraus-
putzen zu können, schlossen sie deshalb vom Tageslicht aus und bannten
sie ins dunkle Erdinnere zurück, beschenkten sie aber in göttlichem
Mitleid mit Verstand und Rück-Erinnern.

Und Allvater sprach:

»Nur der vermag das Sonnenlicht auf Erden zu ertragen, der in der
Sonne geboren ist. Das Sonnenlicht hebt die Gedanken stolz und hoch
zum Himmel und schafft ihnen höhere Gleichnisse. Darum taugt es
nicht, dass die Unterirdischen die Macht auf Erden gewinnen, denn ihre
Gedanken steigen in die Dunkelheit und zum wimmelnden Gewürm.«

Und Wodan warf seinen Sturmmantel um und entbot *Hönir*[13], den Gott
des Waldes und der Heide, und *Loki*[14], den Heißen und Leuchtenden,
dem das Feuer untertan war, und fuhr mit den Ratgesellen zur Erde.

---

[13] *Hönir*: Ase, ein Bruder Odins. Gab den ersten Menschen in Midgard Seele
und Bewegung der Glieder. Hönir war friedfertig und ist einer der wenigen
Überlebenden des Untergangs Ragnarök.

[14] *Loki*: Er ist der verschlagene und listenreiche Gott des Feuers und der Hitze. Er
wurde gezeugt von den Riesen Farbauti und Laufey (Nal). Loki ist Vater des Riesen-
wolfs Fenrir, der Midgardschlange Jörmungand und der Todesgöttin Hel. Loki ist
in der Lage, jede andere Gestalt anzunehmen. Loki wird trotz seiner Herkunft zu
den Asen gezählt, denen er grundsätzlich gut zugetan ist. Von den Asen wird er
am Ende verstoßen, weil durch seine List der liebliche Gott Baldur zu Tode kommt.

Sie wanderten dahin im Licht der Sonne, die aus Muspelheims Funken am Himmel hing, und das Schweigen der Wälder umgab sie. Prüfend gingen ihre Augen über alles, was war. Und sinnend schritten die drei Götter dahin.

Da bot sich ihnen auf der Lichtung eines Hügels ein wunderbares Bild. Kraftvoll war es und lieblich zugleich. Vom Schatten des Waldes umkränzt, hob sich sonnenübergossen der blumige Hügel, und eine mächtige Esche reckte sich daraus und eine breitausladende Ulme, und beide streckten sie ihre Wipfel sehnsüchtig dem Himmel entgegen, und sehnsüchtig vermählte sich ihr starkes Untergeäst, als wollte ein Baum den anderen stützen und umschlingen, und ihre Wurzeln tranken tief aus der Erde, während ihre Wipfel hoch nach dem Himmel verlangten.

In lächelnder Gewähr blickte Allvater Wodan auf das Bild, segnend stand Hönir, der Wälder Gott, feurig und leidenschaftlich trat Loki heran.

Und Wodan nickte mit dem Haupt und strich mit leisen Händen über die Rinde der Bäume. Und von seinen Händen ging eine Kraft aus, die drang in das Mark der Esche und drang in das Mark der Ulme und erfüllte beide mit der göttlichen Seele.

Da ging ein Raunen und Rauschen durch die Bäume von der Wurzel bis zur Krone.

Und Hönir tat wie Wodan und streichelte liebkosend Stämme und Blätterdach und flüsterte mit ihnen.

Da standen Esche wie Ulme horchend und wurden sehend und regten ihre Äste und standen, mit offenen Sinnen, in freier Bewegung in all der Sonne.

Der feurige Loki aber sprang vor, riss sie an seine Brust, dass sie taumelnd die Glut seines Herzens spürten, ließ einen Blutstropfen in sie überspringen und gab die Menschgewordenen aus seiner brünstigen Umarmung frei.

Auf der Erde standen *die ersten Menschen.* –

›Da standen Esche und Ulme horchend und wurden sehend ...‹

* * * * *

Und die ersten Menschen sahen die Götter und sahen dann sich selbst. Und sie erblickten in ihren Augen die Sonne des Himmels und schritten mit heißen Wangen aufeinander zu und fassten sich bei den Händen.

Ask hieß die Esche. *Embla* die Ulme. So hießen die ersten Menschen. Und Embla lehnte ihr Haupt an die Schulter des Ask, wie Frigg getan hatte, die erste Göttin, als sie Wodan erblickte.

Da winkte Wodan seinen Gefährten und fuhr mit ihnen gen Asgard zurück.

»Wir gaben ihnen viel«, sprach Wodan, »mehr noch müssen sie sich selber geben.«

Die Gefährten suchten Allvaters sinnenden Blick.

»Die Erkenntnis«, sprach Wodan, »dass sie nur mit den Göttern Edelmenschen und Herren der Erde sind; ohne die Götter – Schlagholz im Walde.«

Loki erwiderte: »Aus dem Schlagholz im Walde springt hell und lustig die Flamme. Das deucht mich kein übles Los.«

»Wehe den Menschen«, sprach Wodan, »die göttliches Feuer mit irdischer Flamme verwechseln. Die irdische Flamme ist die Zerstörung, die göttliche führt zur Ewigkeit.«

Da schwieg Loki. –

* * * * *

Auf dem Hochsitz über der heiligen Türschwelle saß Wodan und blickte über die ganze Welt. Von den Tieren, die er erschaffen hatte, hatte er zwei Raben ausgewählt, die hießen Hugin und Munin[15], Denkkraft und Erinnerung, und hockten ihm zur Rechten und zur Linken auf der Schulter. Täglich sandte er sie über die ganze Welt hinaus, und was sie auf ihren Flügen erspäht hatten, flüsterten sie Wodan ins Ohr, wenn sie auf seinen Schultern hockten. An seine Füße schmiegten sich zwei graue Wölfe, Geri und Freki[16] geheißen, des Gottes würgende Jagdhunde, wenn er als wilder Jäger durch die Lüfte brauste oder über die Walstatt der Kämpfer.

Von Asgard, der himmlischen Heimburg, blickte mit Wodan die Schar der Götter hinunter nach Midgard, ins Land der Menschen. Und der göttliche Teutsohn Mannus ersah mit Freuden ein kraftvolles Menschenkind mit goldrotem Haar und blaublitzenden Augen, das der Umarmung des Ask und der Embla entsprossen war, und er suchte sie auf in Midgard, und sie verbanden sich in Liebe und Kraft. Da wurden ihre Söhne Ingo, Isk und Irmin nach Ask, dem Urvater, die ersten Männer, die über das Erdreich schritten, und waren die Stammväter der Deutschen.

* * * * *

---

[15] *Hugin und Munin*: Raben des Odin. Sie umfliegen täglich alle Welten und berichten Odin jede Neuigkeit.

[16] *Geri und Freki*: Zwei Wölfe Odins, die in Walhall alle Speisen fressen, sodass sich Odin nur noch von Met ernähren kann.

Unter den Göttern war *Heimdall*[17], der lichte Ase, den Wodan zum Wächter gesetzt hatte über alles Geschehen. Nie kam ihm der Schlaf. Vor der Sonne schon beleuchtete er den Himmel- und Erdenkreis mit goldenem Frührot und horchte aufmerksam auf die Atemzüge der Welt. Heimdall aber sah, wie schnell sich das Menschengeschlecht vermehrte und wie es nicht zum frohen Genusse des Lebens kam, weil ihr Schaffen ungeordnet war und ein Jeder jede Arbeit tat, ohne sie recht zu verstehen. So mühten sie sich ohne Erfolg und bald ohne Freude und brachten es zu nichts. Das bekümmerte den guten Gott, und er beschloss Wandel.

In menschlicher Gestalt betrat er die Erde und spähte in alle Hütten. Und er ersah ein Ehepaar, das war knochig und gedrungen und muskelhart an Armen und Beinen. Es buk sein schwarzes Brot aus den Körnern, wie sie vom Felde kamen, und trank die Milch warm, wie sie die Euter der Kühe spendeten. Zu ihnen trat Heimdall als Gast, und als er mit ihnen gegessen und getrunken hatte, weissagte er ihnen, dass aus der anspruchslosen Kraft die Fülle des Wohlstandes erwachsen würde, und er schlief bei ihnen in der Kammer und schied im Frühlicht.

Die Frau aber gebar nach Kurzem einen Knaben von schwerem Körperbau, und als er aufwuchs, rodete er Äcker, bestellte sie von morgens bis in den Abend und umzäunte sie, bewässerte Wiesen und schuf Weideland für Pferde und Kühe, Ziegen und Schafe und trieb die Schweine zur Mast in den Eichenwald. Er arbeitete im Schweiße seines Angesichts und lehrte wiederum die eigenen Kinder so, denn sein Gemüt war fröhlich bei allem Mühen, und wenn er durch die wogenden Saaten schritt und durch die wachsenden Herden, sprach er stolz zu sich: Dies alles ist das Werk meiner Hände, und es ward, weil ich es verstehen lernte und ihm all meine Liebe schenkte.

So wurde der *Bauernstand*, und er war göttlich durch Heimdall, den Wächter.

---

[17] *Heimdall*, ein Gott, war der Sohn von neun Schwestern und bewacht die Regenbogen-Brücke Bilfrost, die Asgard mit Midgard verband. Er war der beste Wächter, da er nie schlief und das feinste Gehör hatte. Mit seinem Gjallahorn warnte er, ergebnislos, die Asen vor dem Untergang.

Und Heimdall spähte weiter in alle Hütten der Menschen, und er erschaute ein Ehepaar, das war stattlich und von kluger Stirn, hinter der die Gedanken arbeiteten. Der Mann hatte der Frau einen Spinnrocken geschnitzt und sich selber einen Webestuhl, und sie spannen und webten Linnen und Tuch und schmückten sich mit den schönen Gewändern, auf dass sie eine immer größere Freude aneinander hätten trotz Wind und Wetter. Bei ihnen trat Heimdall ein, und sie luden den Fremdling zu Gast, und die Frau kochte auf dem Herdfeuer ein feines Gericht aus den Kräutern des Gartens und zartem Fleisch. Und als der Gott sich gesättigt hatte, weissagte er ihnen, dass aus der durchdachten Kunst ihrer Handfertigkeit die Fülle des Wohlstandes erwachsen würde, und er schlief bei ihnen in der Kammer und schied im Frühlicht.

Die Frau aber gebar nach Kurzem einen Knaben, der war schlank und gelenkig und von besonderem Verstand. Als er aufwuchs, zimmerte er kunstvoll verzierte Häuser und weit geschwungene Hallen, baute Schmiedewerkstätten, in denen aus den Erzen der Erde köstlicher Schmuck bereitet wurde und aus dem Eisen Schwerter und Pflugscharen, veredelte Rocken[18] und Webstuhl und mit ihnen Gespinst und Tuch und tauschte seine Erzeugnisse mit den Früchten des Bauern und dem Fleiß aller Welt. Sein Tagewerk ging grübelnd und wirkend bis in die Nacht, und er lehrte es wiederum die eigenen Kinder so, denn sein Gemüt war fröhlich bei allem Mühen, und wenn er durch Häuser und Hallen und Werkstätten schritt, und sein Auge Gewebe und Schmuck jeder Art, Waren und Werkzeuge musterte, sprach er stolz zu sich: Dies alles ist das Werk meines Hauptes und meiner Hände, und es ward, weil ich es verstehen lernte und ihm all meine Liebe schenkte.

* * * * *

So wurde der *Gewerbestand*, und er war göttlich durch Heimdall, den Wächter.

Und zum dritten Mal spähte Heimdall in alle Hausungen der Menschen, und er erblickte ein Ehepaar, das war schlank und muskelhart zugleich, stark und furchtlos wie kein anderes, und wer Rat und Tat suchte, klopfte an seine Tür. Der Mann kam staubbedeckt von der Jagd, warf das Untier des Waldes, den erlegten Bären, vor die Feuerstelle und spannte den Bogen neu und schärfte die Speerspitze nach, bevor er sich

---

[18] *Rocken:* ein Spinngerät

erfrischte. Lachend schloss die schöngeschmückte Hausfrau den Wilden in die Arme. Und er saß bei ihr, den Arm um ihren Nacken geschlungen, und besprach mit ihr all sein tapferes Planen gegen das Raubzeug der Tiere, der Menschen und der bösen Geister, und sie gab ihm Rat und rief das Gesinde der Mägde und lehrte sie, das Wildbret zerlegen, zubereiten und die Armen und Hungrigen damit sättigen. Und Heimdall trat zu dem edlen Paar an den gastfreien Tisch, ließ sich den Bärenschinken munden und den schäumenden Met aus dem Auerochsenhorn, freute sich der würzigen Reden und weissagte den Starken zum Dank, dass aus ihrer Kraft und ihrem hochgemuten Sinn die Fülle des Wohlstandes erwachsen würde über das Haus hinaus zum Besten aller, die um das Haus sich scharten. Und er schlief bei ihnen in der Kammer und schied im Frührot.

Die Frau aber gebar nach Kurzem einen Knaben, der hatte die Kraft des Bären, die Schnelligkeit des Hirschen, das Auge des Falken. Stärker aber, rascher und schärfer noch war sein Geist. Und Geist und Körper waren wie Blitz und Schlag. Als er der Wiege entsprang, rannte er in den Wald, erkletterte er die Berge und ließ sein Jauchzen erschallen, dass die Menschen, die ihn hörten, Kopf und Nacken streckten und das Echo jubelten. Auf der Wiese griff er sich die Hengste und ritt mit den Winden um die Wette, ohne zu ermüden. Sein Pfeil holte den Vogel aus der Luft, sein Speer den Wolf auf der Flucht. In der Brandung der See kämpfte er mit den geschmeidigen Robben, als stände er auf festem Land. Und wo es Hilfe galt, war er der erste.

Als er heranwuchs, baute er eine feste Burg, und die Nachbarn siedelten sich an im Schutz seiner Mauern und seines Schwertes. Im Kampf mit dem Feind war er allen voran und zeigte den Seinen den Sieg! Im Gericht kannte er nur die Gerechtigkeit, dann erst die Milde. Im Rat aber war er, dass alle Nachbarn ihm ihre Sorgen brachten, und er nahm sie, als wären es die seinen. Sein Leben war Kampf und Sieg, für die andern mehr denn für sich, Tag und Nacht, ohne die Rast des Bauern, ohne die Ruhe des Bürgers, und er lehrte es wiederum die eigenen Kinder so, denn sein Gemüt war fröhlich bei allem Mühen, und wenn er durch die Schanzen seiner Burg, durch die Reihen seiner todesmutigen Mannen, durch die Gehöfte und Siedlungen der glücklichen Bauern und Bürger schritt, sprach er stolz zu sich: Dies alles ist das Werk meines Geistes, der mich und die Scharen lenkt, und es ward, weil ich es verstehen lernte und ihm all meine Liebe schenkte.

So wurde der Stand der *Krieger* und *Heerkönige*, und er war göttlich durch Heimdall, den Wächter.

Von Stund an tat jeder der Stände seine Pflicht in seinem Kreis, und es herrschte in der Menschen Leben, ihrer Arbeit und ihrer Freude Ordnung und Lohn. –

Lächelnd reichte Wodan Heimdall die Hand zur Heimkehr. Auf dem Hochsitz über der heiligen Türschwelle saß er und ließ eine Esche wachsen, die ihre Wurzeln in alle Welten senkte und deren Krone bis nach Asgard ragte. Drei Wurzeln senkte sie hinab. Die eine saugte ihre Säfte aus einem Brunnen unter Midgard, der Menschenerde, an dem die *Schicksalsfrauen* wohnen, die Nornen[19] Urd, Skuld und Werdandi, die Künderinnen alles Vergangenen, Gegenwärtigen und Zukünftigen im Menschenleben. Die zweite Wurzel saugte ihre Säfte aus einem Brunnen unter Niflheim, dem Geheimnis der Totenwelt, und der Drache *Nidhögg* benagt sie, um sie zum Sterben zu bringen. Die dritte Wurzel aber saugte ihre Kräfte aus einem Brunnen unter Utgard, der Welt der Riesen und Trolle, und *Mimir*[20] birgt sich in ihm aus Ymirs Geschlecht, der Wissen und Weisheit aus der Urzeit bewahrte, bevor die Götter waren.

---

[19] *Nornen*: Urd, Skuld und Werdandi waren die drei Schicksalsgöttinnen (Nornen), die aus dem Urd-Brunnen am Fuß der Welt-Esche Yggdrasil jedem das Schicksal zu sagen wussten.

[20] *Mimir*: Ein Thurse (Riese aus Jotunheim), der einen der Quellbrunnen der Welt-Esche Yggdrasil bewachte. Um die Weisheit vor der Zeit aller Zeiten zu erlangen, musste Mimir jeden Morgen Met aus dem Brunnen trinken. Zudem musste Odin ein Auge opfern und als Pfand (Der Riese Mimir traute nämlich dem Gott Odin nicht) in den Brunnen legen, um von Mimir sein Schicksal zu erfahren. Mit Odins Auge holte Mimir die Weisheit tropfenweise aus dem Brunnen. Der hierbei getrunkene Met durfte nur mit dem Gjallahorn aus dem Brunnen geschöpft werden.

Yggdrasil[21], Baum des Gerichts, hieß die Esche, die Allvater gepflanzt hatte, um alle Welten fest ineinander zu wurzeln unter der Herrschaft des Himmels. Einen Adler[22] setzte er in die Krone mit einem Falken zwischen den Augen, dass ihm nichts entgehe. Ein Eichhörnchen hüpft den Stamm hinauf und hinunter und hinterbringt dem Adler und dem Drachen alle Scheltworte, die der eine dem anderen gönnt. So bleiben sie alle zornig wach.

Und Allvater lachte zufrieden. – – –

---

[21] *Yggdrasil:* Der Weltenbaum, auch ›Welt-Esche‹ genannt, beherbergt alle neun Welten, die der Allvater Odin geschaffen hatte: Asgard, Alfheim, Wanaheim, Muspelheim, Nidavellir, Jotunheim (auch Utgard genannt), Helheim, Niflheim und Midgard.

[22] *Adler* (ohne Namen): Beheimatet im nördlichen Geäst des Weltenbaumes Yggdrasil. Zur besseren Sicht sitzt zwischen seinen Augen der Habicht Vedrfölnir. Der unbenannte Adler steht im Streit mit dem Drachen Niddhögr, der Stamm und Wurzel des Weltenbaumes beschädigt und die Toten quält. Zwischen Adler und Drachen vermittelt das Eichhörnchen *Ratatöskr* den permanenten Streit.

Das goldene Zeitalter

EIN FRÜHLING, DER NIE VERGING, blühte und duftete über Asgard, und die Götter gingen einher mit seliglachenden Augen. Die wilden Naturkräfte waren gebändigt, in ihre Schranken verwiesen und dem Wechsel der Jahreszeiten dienstbar gemacht. Jenseits des breiten Meergürtels, den die Asen um Midgard gelegt hatten, hausten die Riesen. Auf der Erde wuchs zahlreich und kräftig das Menschengeschlecht empor und brachte an heiligen Stätten den Göttern geweihte Opfer dar. Tief im Erdinnern aber schafften die Zwerge, klopften die köstlichen Erze aus dem Gestein und schmiedeten wunderbares Geschmeide, mit dem sich die Götter schmückten.

Das schwerste Tagewerk, die Erschaffung und Ordnung der Welt, war geschehen. Es war die Zeit, in der die Götter an sich selber denken durften und an frohe Feiertage.

Geschwisterlich vereint, einer dem anderen in Liebe zugetan, durchzogen sie die Blumenwiesen Asgards und bauten sich himmlische Burgen auf mit ragenden Hallen und zahllosen Fenstern zum Ausblick auf das Riesenland und die Menschenerde. Viele Namen gaben die Menschen den Göttern je nach der Sprache, in der sie sie verehrten, und die Nordmänner riefen den allweisen Wodan *Odin*[23].

Gladsheim hieß Wodans goldglänzende Burg in Asgard, die ›Welt der Wonnen‹, und der mächtigste Saal darin war *Walhall*. Ebenbürtig war ihm in Gladsheim nur ein zweiter, *Wingolf*[24], die heitere Halle der Göttinnen. Mit Frigg, seiner hohen Gemahlin, zeugte Wotan herrliche Asen-Söhne.

---

[23] *Odin*: Auch als *Wodan* in der Mythologie geführt, vom Menschengeschlecht ›Odin‹ genannt. Von seinen Brüdern Lodur, Wenir und We (Ve) als der Hauptgott ›Allvater‹ anerkannt. Besitzt in jeder Hinsicht überragende Fähigkeiten. Überblickt alle neun Welten von seinem Sitz in Asgard im Weltenbaum Yggdrasil. Odins Gemahlin war Frigg.

[24] *Wingolf*: Bezeichnung der ›heiteren Halle der Göttinnen‹ in der Burg Gladsheim in Asgard

Der herrlichste und beste unter ihnen war *Baldur*[25], der Lichte, den alle Götter mehr liebten als sich selbst, weil er das Vollkommenste war an Leib und an Seele, was Asgard hervorgebracht hatte und durch seine frühlingsfrohe Erscheinung, die kraftvolle Schönheit seines Wuchses und die Reinheit seines Gemütes Freude hervorrief, wo immer er ging. Breidablick[26] hieß sein glänzender Saal, blank wie die Sonne, und nichts Unreines durfte über die Schwelle. Vorbildlich in allen Tugenden des Himmels und der Erde, hell und klar wie der sonnige Tag stand Baldur vor Göttern und Menschen, und sein Sohn, *Forsetti*[27], den ihm sein glückliches Gemahl *Nanna*[28] geschenkt hatte, saß im Himmelssaal *Glitnir*[29] als Gott der Gerechtigkeit und übte die richterliche Obergewalt. *Hermodur*[30] aber, der schnelle Götterbote, war Baldurs Bruder und hing ihm zärtlich an.

* * * * *

---

[25] *Baldur*, auch ›Balder‹ genannt. Sohn Odins und seiner Gemahlin Frigg. Der friedlichste und reinste Gott. Er wurde durch eine List Lokis von seinem Zwillingsbruder Hödur durch einen Mistelzweig getötet und auf dem Schiff Ringhorn bestattet, zusammen mit seiner Gemahlin Nanna.

[26] *Breidablick*: Sonnendurchfluteter Prunksaal des lieblichen Baldur

[27] *Forsetti*: Sohn Baldurs und seiner Frau Nanna. Er war der Gott der Gerechtigkeit und saß der Thing-Versammlung im Himmelssaal Glitnir vor.

[28] *Nanna*: Baldurs geliebte Gemahlin. Gebar ihren Sohn Forsetti. Sie brach vor Trauer über Baldurs Tod zusammen und wurde zusammen mit ihm auf dem Schiff Ringhorn bestattet.

[29] *Glitnir*: Prächtiger Himmelssaal, in dem Forsetti, der Sohn Baldurs, die Gerechtigkeit verwaltete

[30] *Hermodur (Hermod)*: Er war der schnelle Götterbote und Baldurs Bruder. Er begrüßte die Toten in Walhall. Sollte auf Geheiß seines Vaters Odin seinen toten Bruder Baldur aus dem Totenreich zurückholen.

Neben seinem Vater Wodan ragte über alle Asen *Donar*[31] hinaus, den die Nordmänner *Thor*[32] riefen. Nichts kam seiner Körperkraft und seinem heldischen Mute gleich. Er liebte die Menschen und ihr fruchtbares Ackerland, bekriegte die Unholde und Riesen, die die Erde bedrohten, und brauste mit seinem Bockgespann durch die Wetterwolken, dass sie der dürstenden Erde die heilbringenden Gewitterregen spenden mussten und die erfrischende Luft. Tanngniost, der Zahnknisterer, und Tanngrisnir, der Zahnknirscher, hießen die Böcke vor seinem Wetterwagen.

Seine Halle aber hieß Bilskirnir, der Blitz. Selten war er daheim, der Vielbeschäftigte, und die Menschen, wo immer sie den nährenden Boden bestellten, liebten ihn in ihren Herzen und Hirnen über alle die anderen Asen und hingen ihm an in Not und Gefahr, denn sie fühlten sich ihm nahe, weil *Jord* seine Mutter gewesen war, die Erdgöttin. Darum liebte auch er den Bauernstand. Seine Gemahlin war *Sif*[33], die so schönhaarig war wie goldenwogendes Getreidefeld. Seine Tochter *Thrud*[34] wuchs auf in des Vaters gütiger Art, während seine Söhne, *Modi*[35], der Zorn, und *Magni*[36], die Kraft, des Vaters Kämpferblut ererbt hatten. Bedurften die Götter des stärksten aller Asen Hilfe, so riefen sie nur seinen Namen, und wie der Blitz stand Asathor unter ihnen. Das Volk der Menschen aber opferte dem Stärksten der Starken unter den ragendsten Eichen.

---

[31] *Donar:* siehe Thor

[32] *Thor* (Donar): Von den Nordmännern Thor genannt. Der mächtigste Gott nach seinem Vater Odin. Benutzte als Donnergott den mächtigen Hammer Mjölnir. Thor bewohnte Bilskinir, den größten Palast in Asgard, mit über 500 Räumen.

[33] *Sif:* Gemahlin des Thor. Ihr Haar wurde durch Loki abgeschnitten, der zur Wiedergutmachung goldenes Sonnenhaar von den unterirdischen Zwergen Brock und Sindri besorgen musste.

[34] *Thrud:* Liebliche Tochter des Thor und seiner Gemahlin Sif

[35] *Modi:* Gott des Zorns. Sohn des Thor und seiner Geliebten Jarnsaxa

[36] *Magni:* Gott der Kraft. Lieblingssohn des Thor und seiner Geliebten Jarnsaxa. Magni erbte nach dem Untergang der Asen (Ragnarök) den Hammer seines Vaters Thor.

Donar-Thor am nächsten an Heldenhaftigkeit und Sorge um Menschenvolk und Menschenerde stand Tuisko, *Ziu* genannt und von den Nordmännern *Tyr*[37]. Als Gott über den strahlenden Himmel gesetzt, beschenkte er die Erde mit Wärme und Licht, bevor die Nacht kam, und steigerte ihre Fruchtbarkeit. Feind war er darum allen zerstörenden Kräften und hob das Schwert gegen die gierigen Kriegerscharen, die sengend und mordend ins Land fielen. Als Schwertgott feierte ihn deshalb das Volk, ritzte seine Runen in die Klingen und huldigte ihm in Schwertertänzen, wenn es galt, die Jünglinge mutig und mannhaft zu machen; in Menschenopfern, wenn es unter stürmischer Anrufung seines Namens die Schlachtreihen des Feindes durchbrochen und niedergestreckt hatte. In heiligen Hainen verehrte ihn das dankbare Volk, und es bezeugte dem strahlenden Himmelssieger die Ehrfurcht des Menschenkindes, dass es seinen Tempelhain nur in freiwillig gewählten Fesseln und tief zur Erde gebeugt betrat. Weiße Rosse waren dem Schwertgott heilig, die mit den Hufen salzige Quellen geöffnet hatten zur Kräftigung der kriegswunden Glieder, und das Wiehern der Rosse galt als Weissagung.

Wie der frühlingsfrohe Baldur als Gott des Tages, so herrschte der blinde *Hödur*[38] als Gott der Nacht. Einsam war er und schweigsam. Nur wenn das Licht sich neigte, trat er in die Dämmerung, um in das Dunkel zu wandern. Und da er blind geboren war, wusste er wenig von dem fröhlichen Tun der Götter, die ihn still seine Wege gehen ließen.

Auch *Hönir* wohnte in Asgard, der Fahrtgenosse Wodans, der dem ersten Menschenpaar in Midgard die Seele geschenkt hatte und die Bewegung der Glieder. Er machte wenig Worte und war ein Mann des Friedens und der Ruhe.

---

[37] *Tyr*: Gott des Kampfes und des Sieges. Beschützer des Versammlungsortes Thing. Stand Odin sehr nahe. Hatte auch die Namen Tuisko oder Ziu. Namensgebung Tyr durch die Nordmänner (die Menschen). Verlor seine rechte Hand durch den Wolf Fenris, als dieser mit dem magischen Faden Gleipnir an den Fels gefesselt werden soll.

[38] *Hödur*: Blinder Zwillingsbruder Baldurs. Er tötete durch eine List Lokis, der Hödurs Blindheit nutzte, seinen Zwillingsbruder mit einem Mistelzweig.

Königlich anzusehen war *Uller*[39], der über den Winter gesetzt war und auf gewaltigen Schneeschuhen über Schnee und Eis dahinstob, mit Pfeil und Bogen das Wild zu jagen. Ihm jubelten die Jäger zu.

Am königlichsten neben Wodan-Odin erschien *Loki*, der Gott des Feuers und der Hitze. Von verführerischer Anmut und blendender Geistesschärfe, berufen, neben Allvater zu stehen, fehlte ihm Wodans Willenskraft und Baldurs sittliche Größe, sodass er oft und gern seine hohen Gaben verwandte, um durch übermütiges Trugwerk und geistreiche Listen das Gelächter der Götter zu erregen und sich im billig erworbenen Ruhm zu sonnen. Da es seiner Herrschsucht und Eitelkeit nicht gelungen war, der Erste der Götter zu werden, so wünschte er ihnen seine überlegene List und Klugheit ständig zu bezeigen, und was zuerst ein leichtfertig Spiel erschien und lustiges Gelächter erregte, konnte leicht zu unheilvollem Ernst werden, wenn die Götter ihm nicht die Grenzen seines Tuns umschrieben. Als Wodans Fahrtgenosse bei der Erschaffung der Menschen hatte er dem ersten Menschenpaare einen Tropfen seines Blutes vererbt: die ungezügelte Leidenschaft. Die Menschen aber fürchteten sich vor dem unbeständigen, bald schmeichlerischen, bald jähzornigen Gott und hielten sich in ihren Anrufungen vor seinem Namen zurück.

Asgards Wächter, der treue *Heimdall*, saß als Markgraf in seiner Halle an der Brücke *Bilfrost*[40], die sich wie ein Regenbogen vom Himmel zur Erde spannte. Der Scharfäugigste war er und der Hellhörigste. Hunderte von Tagereisen weit sah sein Auge durch Tag und Dunkel, und sein Ohr hörte das Gras auf der Erde, die Blätter an den Bäumen, ja die Wolle auf den Schafen wachsen. Er war der Früheste, denn er schlief nicht ein, weil er aus der Dämmerung des Abends schon die Dämmerung des Morgens ersah. Keinen besseren Mann konnten die Götter an die einzige Brücke stellen, die gen Asgard führte. –

---

[39] *Uller* (Ullr): Der Stiefsohn von Thor. Gott der Jäger. Er hatte die Macht über den Winter, das Eis und den Schnee.

[40] *Bilfrost*: Die als Regenbogen gespannte Brücke zwischen der Welt der Götter und den Menschen (Asgard und Midgard). Bewacht vom Gott Heimdall

Ein Frühling, der unvergänglich schien, blühte und duftete über Asgard, und die Götter gingen einher mit seliglachenden Augen. Geschwisterlich vereint, einer dem andern in Liebe zugetan, durchzogen sie die Blumenwiesen, trieben ritterliches Spiel, huldigten *Frigg*, der erhabenen Himmelsmutter, und den jüngeren Göttinnen ihres Hofes, *Saga*, der weisen, mit der Allvater den Trunk des Wissens aus goldenen Schalen schöpfte, *Fulla*, der listigen Vertrauten der Himmelsmutter, *Menglod*, der flammenden Morgenröte, *Idun*[41], der jugendschönen, der ewig jungen, die die Zauberäpfel bewahrt, von denen die Götter essen, um nimmer zu altern, *Gefjon*[42], der klugen, zu der die Mädchen beteten.

Manche gleich schöne, gleich kluge Götterjungfrau lächelte aus Friggs Gefolge den Götterhelden zu, wenn sie auf blitzschnellen Rossen über die Wiesen jagten, den Speer schossen oder die heißen Schwerter über Schild und Brünnen fegen ließen. Oder wenn sie auf den Bänken der Halle saßen, Lieder zur Harfe sangen und den Met sich zutranken, den die Holden ihnen in den kostbaren Trinkgefäßen reichten, gefertigt aus blinkendem Gold von dem reichen Volk der Zwerge. Dann legten die Götter den frohen Frauen funkelnden Schmuck um Hals und Nacken, Edelgestein, das die Zwerge erschürft hatten, glitzernde Halsbänder und schimmernde Kronreifen, die Flut der Locken zu fassen, und schlangen die Arme um die schlanken Hüften und wussten nur von Liebe und nichts von Leid, weil sie einig waren und einer des anderen sicher im selben Sippschaftsgefühl. Und weil sie schuldlos waren und gerecht.

So lebten die Götter ihr goldenes Zeitalter, und der ewige Frühling blühte und duftete über Asgard und sandte seine Sonne in alle Welten. –

Heiteren Auges saß Wodan auf dem Hochsitz über der heiligen Türschwelle seines Saales, die den Ausblick bot nach Midgard, dem Land der Menschen, und nach Utgard, dem Land der Riesen und Trolle. Seine Jagdwölfe lagen ihm zu Füßen, und seine Weisheitsraben flogen von

---

[41] *Idun*: Gemahlin des Dichtergotts Bragi. Göttin der Jugend und Unsterblichkeit. Sie ist Hüterin der goldenen Äpfel, die diese Eigenschaften verleihen.

[42] *Gefjon*: Eine Asen-Jungfrau und Freundin Odins. Göttin des Glücks, der Fruchtbarkeit und des Segens. Kennt wie Odin alle Geheimnisse der Welten. (Manche Quellen rechnen Gefjon jedoch den Wanen zu.)

seiner Schulter her und hin und kehrten geruhsamen Fluges zurück. Denn nichts Böses gab es zu melden. Das Volk der Menschen gedieh in den drei Ständen, in die der treue Hüter Heimdall Bauern, Bürger und Krieger gegliedert hatte, zu Wohlstand, Glück und Ehre, und das Riesengeschlecht lag schlemmend und zechend in den Grenzen, die ihm gezogen waren, sang und brüllte beim Gelage, dass oft Meer und Erde erbebte, und schielte nur zuweilen wie in erwachender Erinnerung nach den Göttern in Asgard. Die *Thursen*[43], das heißt die Starken, so nannten sie sich; die Asen aber nannten sie um ihrer Gefräßigkeit willen die *Joten*, das heißt die Fresser, und ihr Reich *Jotunheim*, das Vielfraßland. Oft waren die Thursen von ebenso plumpem Wesen wie Gliedern, und es bedurfte nur eines neckenden Wortes, dass sie wie Schlagetote mit losgebrochenen Felsen und entwurzelten Bäumen aufeinander los hieben. Wo aber etlichen unter ihnen Weisheit geschenkt war, traten sie auf als Beherrscher der Elemente und lenkten Meerflut, Sturm und Feuersbrunst. Als gewaltige Baumeister suchten sie ihresgleichen, denn ein kleines war es für sie, Felsen auf Felsen zu türmen und Burgen zu erbauen, die bis zum Himmel ragten. Oft waren ihre Weiber scheußlich und verzerrt wie Strudel und Gischt, oft aber auch über die Maßen schön wie lächelnd atmende Meeresstille.

Denn mächtige Wasserriesen gab es und furchtbare Sturmriesen, Berg- und Waldriesen von ungeheuerlicher Stärke und hitzige Feuerriesen. Ihre Jahreszeit hob an, wenn der Sommer geschwunden war. Der heulende Herbst, der krachende Winter blieb ihre Freude, bis die frühlingsfrohen Götter ihrem Gelärm Einhalt geboten.

Der gutmütigste unter ihnen war *Ägir*[44], der Herrscher der weiten, der offenen Meere. Wenn die Götter ausfuhren in die Welt, kehrten sie oft in seiner Meereshalle ein und taten gewaltige Züge Metes bei dem fröhlichen Alten. Bösartiger Natur war *Ran*, sein Weib, die Räuberin. Auf dem Grunde des Meeres kauerte sie und stellte grausam ihre Netze nach den

---

[43] *Thursen, Joten:* Gefräßige Riesen aus Jotunheim (Utgard). Unbändig in Kraft und Wut, aber auch die besten Baumeister aufgrund ihrer Riesenkräfte.

[44] *Ägir:* Riese aus Jotunheim und Herrscher über die weiten Meere. Zeugte neun Töchter mit seiner bösen Gemahlin Ran. Er galt als guter Gastwirt der Asen.

Schiffern, die über sie dahinfuhren. Neun Töchter zeugte das Paar, die wie spielende Wellen verführerisch lockten und die in Liebe entbrannten Söhne der Männererde in ihre Umarmung zogen und auf den Meeresgrund, in den Todessaal ihrer Mutter Ran.

Über das Eismeer herrschte *Hymir*, der Frostriese, vor dessen eisigem Blick Felsen zerbarsten wie Glas. Den größten Braukessel besaß er, tief wie das Meer, aber er hielt ihn unter Schloss und Riegel als unwirscher Gesell.

Scheußlich aber war *Grendel* anzuschauen, der Nebelriese der Sturmflut, mit drachenförmigem Haupt und Krallen wie Stahl, gezeugt von einer wölfischen Mutter, die bei ihm hauste und ihm auf seinen Unhold-Fahrten gierig folgte. Unheimliche Schlupfwinkel wählten sie zu Wohnstätten, im fiebrigen Moor, in feurigen Gewässern. Und Mensch und Tier erschauerte vor diesem fiebrigen Feueratem.

Jetzt aber gaben die Riesen Ruhe, denn der allweise Wodan hielt sie im Bann seiner Gerechtigkeit. Nicht umsonst hatte er Yggdrasil geschaffen, die Welt-Esche, die ihre Wurzeln unter Midgard, Utgard und Niflheim senkte und ihm Wissen gab aus allen Welten. Wenn die Götter aus Asgard hinabstiegen, um über das Menschenvolk zu richten, so stiegen sie zu dem Brunnen der Nornen, aus dem eine Wurzel der Welt-Esche trank, zu den Schicksalsmädchen Urd, Skuld und Werdandi, die die Geschicke jedes Menschen wussten von seiner Geburtsstunde an bis zur Todesstunde. Oft aber stieg Wodan ungeleitet zum Brunnen Mimirs, des Weisesten der Weisen aus Ymirs Geschlecht, das Welt und Urzeit sah, bevor die Götter waren. Und er bot ihm göttliche Freundschaft, wenn er ihm alles sagte aus der tiefsten Tiefe.

»Wie soll ich deiner Freundschaft trauen?« sprach Mimir. »Du bist ein Ase und ich ein Thurse.«

»Wähl dir ein Pfand«, sprach Wotan.

»Was hältst du am höchsten an dir?« fragte Mimir.

»Meine allsehenden Augen.«

»So gib mir das eine zum Pfand.«

* * * * *

Da gab der Gott das Auge zum Pfand und gewann Mimir zum Freund. Und Mimir schöpfte mit Wodans Auge die Tropfen aus der tiefsten Tiefe, und sie saßen beieinander und raunten miteinander manche Nacht.

Einäugig kehrte Wodan gen Asgard zurück. Aus Liebe zu seiner Schöpfung, aus Liebe zu den Göttern und Menschen hatte er sein Auge dargebracht. Denn nun war der Allweise allwissend geworden.

›... und trank mit ihr aus einer Schale ...‹

Oft wandelte er in Asgard zum Wohnsitz der Saga[45], der ernstgerichteten Göttin, und trank mit ihr aus einer Schale und besprach mit ihr feierliche Dinge, die wie Gesang waren aus tiefen Brunnen. Und die Saga ritzte sie in heilige Zauberrunen, während die Götter und Göttinnen draußen über die blumigen Wiesen jagten und sich in Liebe fanden, an festlichen Tafeln saßen und sich mit Kränzen schmückten und dem funkelnden Goldgeschmeide.

Kinderselig hallte das Lachen über Asgards Wiesen, durch Asgards Hallen.

Wodans Ohr hörte es wohl. Sein Auge blickte sinnend.

Über Sagas Haar strich er und erhob sich.

»Sie sollen fröhlich sein. Lange, lange ... Denn solange die Götter schuldlos sind, sind sie unsterblich.«

---

[45] *Saga, Fulla, Menglod*: Junge Göttinnen und Dienerinnen am Hofe der Muttergöttin Frigg. Fulla war die Hüterin des Schmucks. Neben diesen drei genannten Dienerinnen versahen am Hof noch weitere junge Göttinnen Dienst. In der Hauptsache als Gespielinnen an Festen, vor allem mit jungen Göttern. Saga war hierbei die Lieblingsgespielin Odins.

Der Wanenkrieg

WAFFENRUHE WAR AUCH AUF ERDEN. Solange die Götter in Gerechtigkeit ihres Amtes walteten, erhaben über Neid, Selbstsucht und Gier, und sie zur Muße ihre heiteren Spiele trieben, eiferten die Menschen ihnen nach und freuten sich ihres Lebens. Sie erfüllten ihr Tagewerk, und je reicher und lohnender es war, desto fröhlicher gedachten sie der himmlischen Spender, errichteten ihnen Heiligtümer und Altäre und brachten ihnen in Begeisterung ihre Opfer dar.

Seltsames bewegte Wodan in dieser glücklichen Zeit. Übermütig macht das Glück, Götter wie Menschen, und treibt sie über die Grenzen ihres Wesens. Wenn er über der heiligen Türschwelle saß und alle Lande vor ihm lagen, spähte er immer schärfer aus in das Leben aller Dinge, sandte er immer häufiger seine Raben aus, werdende Geheimnisse zu erforschen, und seine Jagdwölfe wedelten unruhig mit dem Schweif. Ihm war, als seien Kräfte am Werk, das Glück zu erschleichen, das er erschaffen hatte, und das Köstlichste, was den Asen-Göttern wurde, die Opfer des Menschenvolkes, abzulenken. Und Wodan deutete die Vorzeichen.

Nicht überall strebte der Opferrauch gen Asgard, dem Asen-Himmel. Wohl wirbelten die Opferwolken im Saxland, das steil unter seinem Sitz lag, mächtig wie immer zu ihm empor, doch nördlich der Sachsen, dort, wo Dänen und Schweden saßen, trieben sie ab und suchten einen anderen Himmel. Und Wodan erspähte, dass es der Himmel der Lichtgötter, der *Wanen* war, die sich beim Erscheinen der Götter in der Welt singend und klingend von der Stätte harter Arbeit emporgeschwungen hatten, um ein Reich der Schönheit und des Glücksgenusses zu begründen.

Da sprach Wodan zu sich selber:

»Glück ist göttlich. Glück ist der Besitz. Glücksgenuss ist irdisch. Glücksgenuss ist die Verschwendung. Da die Masse der Menschen irdischer ist als göttlich, wird sie nach dem Genusse greifen, statt nach dem Glück. Und nur die Helden werden den kargeren Besitz des Glückes wählen, der Arbeit ist und Aufopferung.«

Und Wodan hörte und erspähte alles, was er von den Wanen zu wissen begehrte. Verschwenderisch streuten sie Fruchtbarkeit über Länder und Seen allen, die sie anriefen, lehrten sie den Wert des Goldes, lehrten sie, den Fleiß ihrer Hände in Gold umsetzen und das Gold in üppigen Genuss, also, dass die Menschen nur noch zu arbeiten wünschten um des *Goldes* willen und um durch Gold alles zu beherrschen, Menschen und Dinge, Länder, Völker und ihre Schätze, was immer ihnen auf Erden zum mühelosen Genuss des Lebens verhelfen könne. Feiner und wählerischer wurden die Anhänger der Wanen, klüger und wissender, und sie dünkten sich bald in ihrer verfeinerten Lebensführung hoch erhaben über die rohen Sachsen in Saxland und die anderen Völkerstämme, die auf Wodan schworen, den Sturmgott, auf Donar, den Gewitterbringer, und auf Ziu, den Gott des blanken Schwertes. Über sie alle, die rauen und schlichten, denen die Arbeit Freude war, Kraftempfinden und Lebenszweck, und der Feierabend das Bewusstsein ihrer hart erworbenen und darum doppelt gesteigerten Fröhlichkeit. Und Wodan witterte die Gefahr.

Einst, als er mit seinen Brüdern Wili und We den stumpfsinnig verschlingenden Ur-Riesen Ymir erschlagen hatte, hatte er die niedere Geisterwelt gejagt, die von den Göttern das Wissen geholt aus der gebärenden Weltseele und das Göttliche gewandelt hatte in gemeine Lüste und billigen Zauberspuk. Tausende waren erwürgt an seinem Gürtel geblieben, wenige nur entkommen. Aber einige waren zu den leichtherzigeren Wanen entschlüpft, hatten sich zu wild quirlenden Scharen vermehrt und aufs Neue die gold- und zaubersüchtigen Menschen aufgesucht, die die verschwenderisch spendenden Wanen opfernd verehrten. So kam mit der steigenden Genusssucht der *Aberglaube* in die Welt, der Feind des Göttlichen. –

Aufstanden Wodans Jagdwölfe und streckten die Rute. Mit gesträubtem Haar standen sie und warteten des Befehls des Meisters.

Nacht war es und Wodan sattelte sein Sturmross.

In wehendem Mantel, den breitrandigen Wetterhut tief über die blutige Augenhöhle gedrückt, damit das andere, das Einauge, um so schärfer funkele, saß er horchend im Sattel. Aufkreischten seine Raben. Von seinen Schultern schwangen sie sich auf und jagten voran. Hinter ihnen drein mit heiserem Gebell jagten die Wölfe. Da gab Wodan seinem Sturmross das Maul frei, und der wilde Jäger stob mit Hussa und Peitschengeknall in die Nacht. »Rafft, meine Raben! Würgt, meine Wölfe! Stampf' sie, mein Sturmross, in Kot! Hussa! Hussa! Horrido!«

Hinter den Gespensterscharen, die heimlich aus Wanenland herüberge-schlichen waren, seine Menschen zu verführen, hetzte er einher. Entsetzt fuhr das Gelichter der Schwarzalben und Truden, der Maren und Schrate wie Nebel- und Wolkenfetzen durch die Wipfel der Bäume und suchte heulend das Weite. Wodans Sturmross holte sie ein. Seine Peitsche fuhr knallend durch die Luft, und wen sie traf, den traf der Tod. »Hussa! Hussa! Horrido!« Die Wolken jagten über den Himmel, als wollten sie mit weit aufgerissenem Rachen den tanzenden Mond verschlingen. Und im fahlen Licht der Sturmnacht hetzte Wodan ohne Ermüden die unholden Geister, den Alb, der sich den Menschen auf die Brust setzte und sie bedrückte, den Mar, der ihnen das Blut aussog, den Schrat, der sie äffte und die Trud, die sie behexte. Sie alle, die seine Menschen quälten und sich zu willen machten, bis die Erdgeborenen glaubten, es seien die Götter selbst und nicht unholde Wesen, und sich den Gespenstern ergaben.

»Rafft, meine Raben! Würgt, meine Wölfe! Stampf' sie, mein Sturm-ross, in Kot! Hussa! Hussa! Horrido!«

»Da jagt der wilde Wode!« stammelten die Menschen, die im Geheul der Sturmnacht von den Lagern auffuhren und angstvoll gen Himmel starrten. »Der wilde Gespensterjäger fährt um.«

Und doch öffneten sie hastig Fenster und Türen, um den gejagten Spukgestalten Unterschlupf zu gewähren, denn sie versprachen sich goldenen Dank von den Wichten und gierten nach irdischen Schätzen, statt nach der stolzen Höhe der Götter.

Nächte hindurch, Monde hindurch fegte Wodans Mantel durch die Lüfte, knallte seine Peitsche wie krachendes Holz, schrien seine Raben, heulten seine Jagdwölfe. »Auf dass das Geschlecht sich nicht vermehre!« lachte er grimmig in den Bart und setzte vor allem anderen Wild den kreischenden Frauen und Fräulein der albischen Wesen nach, packte sie am Gewand, griff sie beim Schleier, zog die Zappelnden hinauf auf sein Ross und erstickte sie in seinen Umarmungen. »Frauen-räuber!« schalten die verblendeten Menschen hinter ihm drein, »Weiberjäger!« Denn sie hielten für Liebesgier, was Wodan in gött-lichem Zorne tat, und ließen sich von den Wichten, die sie abergläu-bisch hüteten, leicht bereden.

Noch blieb viel Koboldvolk auf der Erde zurück, Hausgeister und Waldfräulein, Korngeister und Wassernixen, und Nächte und Monde jagte Wodan daher, den Spuk zu vernichten, die Menschen auf sich selbst zu stellen. Oft auch stieg er zu Mimir hinab und raunte mit ihm am Brunnen. Denn er hielt das luftige Gesindel der Alben nur für die Plänkler und Wegemacher eines gefährlicheren Feindes, der Macht der Wanen, und er wusste es in seiner Allwissenheit.

* * * * *

Einst kehrte er heim nach Asgard, sinnend und grübelnd, und fand die Götter beim lärmenden Gelage wie in einer großen Trunkenheit. So hatte er sie noch nie geschaut. Nur Baldur stand abseits. Ihn ekelte das weibische Getue.

Einen strahlenden Blick warf Wodan auf seinen Lieblingssohn. Dann trat er zürnend in den Kreis. Doch keiner hatte Augen für ihn.

Vor den Bänken der Götter und Göttinnen tanzte ein nacktes Mädchen von nie gesehener Schönheit. Farbenfunkelnde Geschmeide von auserlesenem Feuer schmiegten sich an ihre Brüste, dass ihr Weiß heller leuchtete als der Schnee auf den Hügeln, rotgoldene Spangen, zart wie Blattgold und von meisterlicher Arbeit umschlossen die Fesseln ihrer Füße, dass die Glieder aus den Goldblättern hervorwuchsen wie Lilienstängel, umschlossen die Arme, dass sie sich dehnten und streckten wie heimlich Geliebte, und Perlenschnüre träumten in ihrem Dufthaar wie schmeichelnde Mondlichter in kosender Nacht.

»Tanze, tanze«, riefen die Götter mit funkelnden Augen, »so wunderbar Schönes sahen wir nie, wie dich, du Mädchen!«

»Tanze, tanze«, riefen die Göttinnen mit heißen Blicken, »so wunderbar Schönes sahen wir nie, wie dein Geschmeide!«

»Das Mädchen ist es!« beharrten die Götter erhitzt.

»Das Geschmeide ist es!« eiferten die Göttinnen. »So schön sind wir, wie die Fremde, aber der Schmuck, mit dem ihr uns beschenkt, ist plump wie Bauernschmuck und hängt sich schwerfällig an unsere Glieder, statt ihre Reize zu heben. Schafft uns solch Geschmeide, und das Mädchen ist vergessen! Schöner sind wir, schöner!«

»Wer bist du?« riefen die Asen, und es lag wie Rausch über ihren Augen. »Wer gab dir den Schmuck? Wo finden wir ihn?«

»*Gullweig*[46] heiß ich«, sang die Tänzerin, »vom göttlichen Wanenstamm bin ich. Wir leben in Schönheit und Freude! In Arbeit und kindlichen Spielen ihr! Wisst ihr, was Freude ist? Verschwendung und lachendes Leben! Seht her, so verschwende ich!«

Und sie wirbelte vor den heißen Blicken der Männer.

»Der Schmuck! Der Schmuck!« riefen die Göttinnen und waren erblasst vor Erregung.

»Schmuck will erworben sein«, sang die Tänzerin. »Einen Wert hat das Gold, mehr als ihr wisst! Für rotes Gold und schimmernd Gestein kaufe ich Länder und Völker, Weiber und Rosse, Leiber und Seelen. Es liegt bei den Riesen, es liegt bei den Zwergen, es liegt bei den Menschen. Hervorlocken muss man es durch Zauber oder Raub. Holt es euch, schmückt euch, genießt! Nichts weiß euer Blut vom glühenden Leben!«

Aller Arme streckten sich nach der tanzenden Wanentochter aus. Sehnsüchtige Arme. Neidvoll gereckte Hände. Da hob Wodan den Speer.

Dreimal durchbohrte er Gullweig, die Wanentochter, mit dem Speer. Dreimal schleuderte er ihren weißen, schimmernden Leib in den flammenden Holzstoß, der die Halle erwärmte und erleuchtete. Dreimal verbrannte das Mädchen zu Staub. Dreimal erhob sie sich aus der Asche. Da ersah Wodan, dass sie eine Zauberin der Wanen sei, und ließ die Misshandelte entfliehen.

»Melde den Deinen, was dir widerfuhr, was ihrer wartet!«

Loki aber, der Geschmeidige, sammelte hastig aus der Glut des Feuers den seltenen Goldschmuck, Perlen und Geschmeide, und gab alles den Göttinnen und setzte sich in Gunst. Finster gingen die Asen umher und neideten dem Listigen den Vorzug.

Wodan berief sie alle zum Rat.

»Wer hat dem Wanenmädchen Einlass gewährt zu Asgards Wiesen?«

* * * * *

---

[46] *Gullweig*: Eine Zauberin aus dem Wanenreich, die die Asen auf einem Fest nach der Rückkehr Odins von der Jagd nach den Gespenstern verhexte. Odin durchbohrte sie dreimal mit seinem Speer aber sie konnte entfliehen. Die Wanen zogen dann aus Rache gegen die Asen.

Und Heimdall antwortete: »Ich tat's, auf Gebot der Götter, die sich berieten, als du fern warst. Sie war ein Mädchen und ohne Waffen.«

»Ihr Törichten«, sprach Wodan, »habt ihre Waffen kennengelernt. Schwer seid ihr von ihren Waffen verwundet. Schwerer als von Schwert und Ger[47]. Denn die Wunden, die sie euch schlug, heilen nicht und eitern fort in der Gier nach Gold und Genuss. Vorbei ist es mit der heiteren Ruhe. Wir müssen uns regen.«

Da stimmten die Götter beschämt ihm zu und gaben ihm Vollmacht, für alle zu handeln. –

Einsam fuhr Wodan aus. Nur Gefjon nahm er mit sich, die Kluge, zu der die Mädchen beteten. Von Saxland fuhr er gen Norden, denn es war sein Plan, die Wanenanhänger durch eine augenfällige Tat zu sich zurückzuführen und die Menschen, die im Norden noch nichts wussten von Wodan und den Seinen, zum Asen-Opfer zu bekehren. So fuhr er gen Dänemark, das den Wanen huldigte, und gedachte dem Volk über Nacht ein reiches Neuland zu schenken, Ackerland für einen sesshaften Bauernstand, der mit der Scholle die Arbeit liebte und nicht die Leichtfertigkeit der Goldanbeter. Neuland auch für neue Heiligtümer der Asen-Götter.

Auf Fünen kehrte Wodan ein und lehrte Gefjon, die kluge, seine Pläne und verlieh ihr zur Ausführung seine Zauberrunen. Da fuhr Gefjon, als listige Gauklerin gekleidet, nach Schweden und vollführte vor dem Beherrscher des Landes, dem König Gylfi, so lustige Dinge, dass der König ihr einen Wunsch freigab. Und sie erbat sich so viel Land zur freien Verfügung, wie sie mit vier Ochsen während eines Tages und einer Nacht umzupflügen vermöchte. Das gestand ihr der König lachend zu. Gefjon aber fuhr noch in selber Stunde nach dem Riesenland Jotunheim, gebar in der nächsten Nacht einem Riesen vier Söhne, ließ sie kraft ihrer Zauber-Runen gleich bei der Geburt zu ihrer ganzen Größe und Stärke aufwachsen, verwandelte sie durch den Runenzauber in vier ungeheure Ochsen und kehrte in nächster Nacht mit ihnen zu König Gylfi zurück. Und Gefjon, die Kluge, spannte die Riesenochsen vor den Pflug und packte die Pflugschar. Da schnitt das Pflugeisen gewaltig tief und breit in das Land und ackerte ein Stück Erde heraus, das nicht zu überblicken

---

[47] *Ger:* Germanischer Wurfspeer. Ursprung für die Bezeichnung der Germanen

war, und die Ochsen zogen noch einmal an und zogen das herausgepflügte Land weiter und weiter gen Westen, stiegen ins Meer und zogen es bis in den dänischen Sund. Dort entließ Gefjon die Ochsen und nannte das neugewonnene Insselland der See *Seeland*[48]. Das Loch aber, das sie in König Gylfis Land gerissen hatte, füllte sich zu einem Binnensee, der der *Mälarsee* hieß, und in seine Buchten passten bis ins Kleinste die Landzungen und Vorgebirge Seelands.

Und Wodan dehnte die Macht der Asen aus auf die Insel und schuf ein Heiligtum auf ihr, zu dem die beschenkten Dänen in Dankbarkeit opferten. Aber auch König Gylfi in Schweden und viele andere Könige im Norden, zu denen die Kunde kam, riefen erschreckt Wodan an, den sie Odin nannten, und baten ihn in ihr Reich. –

Wodan war heimgekehrt nach Asgard, wo ihn die Asen sehnsüchtig erwarteten. Viel Streit gab es zu schlichten, den der listige Loki schadenfroh geschürt hatte, und die alte Einigkeit war gestört im Rat und auf der Met-Bank wie beim ritterlichen Kampf- und Wettspiel, seitdem das lockende Weib in Asgard erschienen war. Zu Mimirs Brunnen stieg Wodan hinab und raunte lange mit dem Weisen.

Und es war ihm offenbar, dass die Wanen heranrückten, den Schimpf an Gullweig zu rächen und die reichen Opfer der Menschen im Norden zurückzugewinnen. Und Wodan wusste vieles und mehr und saß, in die Zukunft grübelnd, auf seinem Hochsitz.

* * * * *

In hellen Haufen rückten die Wanen an. Die Luft wimmelte von ihnen, wohin das Auge sah. Lichtgötter waren sie. Darum ritten sie durch die Lüfte und brauchten nicht über die Brücke Bilfrost hinweg, die Heimdall hütete. Was ihnen an Kraft den Asen gegenüber gebrach, ersetzten sie dreimal durch wunderbare Waffen, zu denen ihnen ihr Reichtum, und durch die Kriegskunst, zu der ihnen ihre verfeinerte Geistespflege verholfen hatte. Jäh erschienen sie vor Asgard und zerbrachen in geeintem Angriff den Burgwall der Asen.

Dröhnend rief Wodan die Männer Asgards zum Kampf. Ihnen allen voran stand er und schleuderte als Heervater den Speer über die anstürmenden Völker. Aber die Waffen der Asen waren wie Bauernwaffen zu den erlesenen und erklügelten Waffen der Wanen, wie der Schmuck ihrer

---

[48] *Seeland:* heute größte Insel Dänemarks mit der Hauptstadt Kopenhagen

Frauen und Jungfrauen ein plumper Bauernschmuck geschienen war zu den berauschenden Köstlichkeiten der tanzenden Gullweig. Donars malmende Keule zersplitterte auf stahlhartem Wanenhelm. Zius blankes Breitschwert brach und sprang aus dem Griff, als er es gegen eine goldene Wanenbrünne stieß, Ullers Pfeil und Bogen war wie ein Kinderspiel vor den mannshohen Schilden der Wanen, und Baldurs leuchtender Mut fand zwölf neue Gegner, wenn er einen gefällt hatte. Loki stand als Schutz und Schirm bei den Göttinnen und stachelte die kämpfenden Asen an, sich vor den Frauen zu zeigen und ihre Huld zu gewinnen, denn er gedachte, übrig zu bleiben und höhere Macht zu erringen. Und die Asen wurden uneins im Kampf, trennten sich voneinander und suchten in heldischem Zweikampf mit den Wanenführern die Augen der Frauen auf sich zu ziehen, während die Scharen der Feinde immer tiefer eindrangen in Asgards geheiligte Fluren und die Himmelsburgen in Schutt und Asche legten.

Da packte Donar die Felsen an und riss sie aus dem Grund und zermalmte mit ihnen die Haufen. Und Ziu entwurzelte die ragendste Eiche und fegte mit ihr die Stürmenden zu Hunderten. Die Himmel krachten, die Menschen lagen betend auf ihrer Erde und die Riesen in Jotunheim erhoben drohend ihre Häupter, um über die erschöpften Asen- und Wanengötter in Hass und Rache herzufallen.

Wodan sah es. Er erkannte die größere Gefahr.

Wie Donner rollte seine Stimme über die Köpfe der Kämpfenden:

»Ihr habt euch in den Waffen gemessen, ihr Götter – nun messt euch im Rat!«

* * * * *

Die Wanen wiederum aber hatten erkannt, dass sie nur einen Augenblickssieg erringen konnten und vor dem kraftvollen Asengeschlecht nicht bestehen würden, wenn es in der neugewordenen Zeit sich seines schaffenden Geistes entsann. Sie waren zum Verhandeln bereit.

Im Rate saßen sie, Asen und Wanen, und stritten lange um den Vergleich. Klug wie Kaufleute setzten die Wanen zuerst den Preis des Friedens hoch, um ablassen zu können und als die Gebenden zu erscheinen. Sie forderten für Gullweigs Misshandlung Zins. Da lachten die Asen, dass sie sich krümmten, und wollten von ihren Sitzen. Die Wanen beharrten nur scheinbar auf ihrem Beschluss. Ihnen war um anderes zu tun. Sie boten an, die Zinsforderung fallen zu lassen, wenn sie von Stund an als gleichberechtigte Götter gälten, den Asen gleich an Ehrung im Himmel und auf Erden, gleichberechtigt zum Empfang der Opfer und durch auszutauschende Geiseln *eine* große Götterfamilie.

Wodan, der Allwissende, der in die Zukunft schaute, schlug ein. Und die Asen bestimmten Hönir zur Geisel für die Wanen, den Fahrtgenossen Wodans bei der Menschenerschaffung. Da er aber langsam denkend war, gab Wodan ihm den Mimir bei, den Freund und Vertrauten am Brunnen, und die Wanen hielten ihn für einen der Asen. Sie selber ließen den reichen *Njord*[49] als Geisel, der seinen lichten Sohn *Freyer*[50] mit sich führte und seine liebliche Tochter *Freya*[51]. Und alle die Götter, die Asen und Wanen, traten zur Bekräftigung ihres Vertrages an ein Gefäß und spien hinein und mischten den Speichel mit Honig und schufen daraus gemeinsam den weisesten Mann. Der hieß *Kwasir*[52].

So aber endete der erste Weltkrieg.

---

[49] *Njord*: Ein Wanen-Gott der Meere und des Ozeans, Vater von Freyer und Freya

[50] *Freyer*: Lieblicher Wanen-Gott der Fruchtbarkeit und der Jagd, Sohn des Njord. Fällt beim Ragnarök, weil er ohne sein Schwert ist, das ihm ansonsten Zauberkraft verlieh.

[51] *Freya*: Wanen-Göttin der Liebe und der Ehe. Trug zur Beständigkeit ihrer Zauberkraft die von Zwergen geschmiedete Halskette Birsingamen. Besaß außerdem einen Zauberwagen, der von Waldkatzen gezogen wurde und ein Falkengewand, wodurch sie fliegen konnte.

[52] *Kwasir*: Zur Bekräftigung des Friedensvertrages zwischen Asen und Wanen wurde der Weise Kwasir aus Speichel und Honig geschaffen. Die Zwerge Galar und Fjalar erschlagen Kwasir, um an seine Weisheit zu gelangen. Aus Kwasirs Blut, gemischt mit Honig, gewinnen sie den Dichter-Met. Wer davon trinkt, dem wird die Dichtkunst geschenkt.

Die Götter auf schiefer Bahn

IN DEN KREIS DER ASEN war Njord ausgenommen, mit seinem Sohn Freyer und seiner Tochter Freya. Gewaltiger Reichtum kam mit ihnen nach Asgard, aber auch viel böse Lust nach Reichtum und manche Sucht nach räuberischem Erwerb. Mehr und mehr ging die Schlichtheit der Lebensführung dahin. Die Gelage mehrten sich, die Abenteuerfahrten dehnten sich aus, Liebeshändel kamen auf und nahmen zu im Himmel und auf Erden, die Freude am Krieg erwachte und führte in ihrem Gefolge Gewalttat, List und Betrug.

Wohl waren die Wanen, die von nun an zu den Asen gerechnet wurden, vornehme Wesen, doch ihre ganze Art und Daseinsauffassung war freier, üppiger und leichtherziger, und der Aufwand, den sie trieben und der den Menschen reichere Opfer und prunkvollere Feiern auferlegte, brachte die Asen von ihrem einfachen Götterwandel ab und näherte sie den Begierden und Untugenden der Menschen.

Njord liebte Jagd, Seefahrt, Fischfang und Handel. Er machte das Meer fruchtbar und bevölkerte die Wälder mit Wild. Er beschenkte die Menschen mit Reichtum, gab den Schiffen günstigen Wind und ruhige See, den Jägern Beute über Beute. So riefen ihn alle an, die Seefahrt und Jagd betrieben. Auch stammte die Göttin Nertha von ihm, die in heiligem Hain am Meeresstrand wohnte und die Fluren segnete zu wogenden Saaten.

Schön war *Freyer*, sein Sohn. Schön fast wie Baldur. Licht und heiter übte er sein Amt als Himmelsgott, tat es seinem Vater gleich in der Spendung von Reichtum und Fruchtbarkeit und schätzte deshalb den Frieden, damit seine Gaben zu gedeihen vermöchten und Freude brächten. Doch war er aller ritterlicher Übungen nicht minder Herr, und er besaß ein Ross, das wabernde Lohe durchstürmte, und ein Schwert, das sich von selber schwang, galt es einen Feind.

Die schönste im Himmel und auf Erden war *Freya*, Freyers Schwester. So reizvoll war sie an Wuchs, Antlitz und Gebärde, dass sie Götter und Riesen, ja Menschen und Zwerge entzückte und berückte und keine Göttin begehrter und verehrter war als sie. Als Göttin der Liebe wurde sie angerufen, gefeiert und besungen; viele der Helden wünschten sich zu ihr und die Frauen verlangten nach ihrem Saal, wenn der Tod ihnen nahte. *Folkwang* hieß ihr Wohnsitz in Asgard, das ist ›Sammelstätte des

Volkes‹, und *Seßrymnir* ihr Saal, ›der an Sitzen geräumige‹. Die Zauber-
kunde der Wanen, die den derben Asen fremd gewesen war bis auf
Wodans Runen, brachte sie nach Asgard und lehrte vor allem den Liebes-
zauber Götter und Menschen. Fuhr sie sichtbar hinaus, so fuhr sie auf
einem schimmernden Wagen, den ein geschmeidiges Katzenpaar zog.
Fuhr sie heimlich hinaus, so legte sie ihr zauberisches Falkenhemd an,
dass sie blitzschnellen Flugs wie ein Vogel durch die Lüfte glitt. Sie war so
heiter, dass sie ihre Sitten oft und gerne darüber vergaß, und wo sie
erschien, herrschte Jubel und Seligsein.

Die Besten ihres Geschlechtes hatten die Wanen hingegeben. Was sie
dagegen erlangt hatten, war kein guter Tausch und ließ sie bald verkümmern. Wohl wusste Hönir, der ihnen von den Asen zugeteilt war,
immerdar klugen Rat, solange der weise Mimir bei ihm stand und ihm
Rede und Antwort einflüsterte. Geschah es aber, dass Mimir abwesend
war und die Wanen guten Rats bedurften, so wusste sich Hönir, den sie
zum Häuptling erkoren hatten, nicht zu helfen und stammelte schwer-
fällige Worte, die nichts besagten. Stutzig geworden, forschten die Wanen
dem Rätsel nach. Und sie erforschten Mimirs Herkunft und den Betrug
beim Vergleich und ergrimmten dermaßen, dass sie Mimir das Haupt
abschlugen, das Haupt des Getöteten höhnisch heimsandten und den
Asen vor die Füße werfen ließen.

Wortlos hob Wodan das Haupt des erschlagenen Freundes auf. Er
salbte es ein und besprach es mit Runensprüchen, die das tote Hirn auf-
erweckten und der Zunge die Sprache wiedergaben. Zur Welt-Esche
Yggdrasil ging er in der Nacht und stieg durch die Welt hinab bis zu
Mimirs Weisheitsbrunnen. In dem blanken Brunnen barg er Mimirs
Haupt, und oft stieg er vom Himmel hinab zu dem tiefen Brunnen, wie
die Sonne hinabsteigt ins Meer, und holte sich neue Kraft und Weisheit
zu allen seinen schweren Werken.

Denn oft machten die Götter Allvater das Leben schwer durch wenig
vorbildliches Wesen, und die Menschen eiferten ihnen lieber in den
Untugenden als in den Tugenden nach, weil die Untugenden leichter zu
verrichten und meist um ein bedeutendes fröhlicher waren. Seit Freya
durch den Himmel schritt, gab es unter den Göttern und Göttinnen viel
Eifersucht, Neid und Streit. Die lose Liebesgöttin aber hatte ihre heim-
liche Freude daran und suchte immer neuen Anlass, sich zu schmücken
und die anderen zu reizen. So fand sie einst in einer Höhle vier Zwerge

bei der Arbeit, die ein goldenes Halsband von blendender Schönheit und unermesslichem Werte schmiedeten. Sofort beschloss sie, es zu besitzen. Aber die Zwerge, von den nie erschauten Reizen Freyas berauscht, lehnten jeden dargebotenen Preis ab und forderten endlich auf der Liebesgöttin Drängen für einen jeden von sich eine Liebesnacht mit der lachend gewährenden Göttin. Nach vier Nächten kehrte sie nach Asgard zurück, und um Hals und Nacken trug sie das Wundergeschmeide ›Brisingamen‹, dessen Name so viel heißt wie Zusammenflechter, denn wenn sie erwachte und Brisingamen um Hals und Nacken legte, glitzerte es über Himmel und Erde, und das Frühlicht stieg auf, das den jungen Tag mit der schwindenden Nacht zusammenflicht.

Weit rissen die Götter die Augen auf, als Freya so goldenstrahlend vorüberschritt. Und Loki, der listenreiche, sann auf einen ebenbürtigen Schmuck, und er sah Sifs, der Gattin Donars, den sie auch Thor nannten, goldwogendes Haar und schlich ihr heimlich nach und schnitt es ihr ab. Tobend vor Grimm suchte Thor den Täter. Bald hatte er Loki erwischt, und seine mächtigen Fäuste packten den Geschmeidigen, dass ihm die Knochen im Leibe krachten. Wie ein Wurm wand sich Loki und schwor alle Eide, der weinenden Sif neues Haar zu schaffen aus echtestem Gold und so fein gesponnen wie Sonnenstrahlen. Da gewährte Thor ihm Zeit, denn ihm lag daran, die Schönheit seines Weibes wiederhergestellt zu sehen und den Spott zum Verstummen zu bringen. Und der geängstigte Loki fuhr ab zu den Zwergen.

Zwei Zwergenbrüder waren *Brock* und *Sindri*[53], die galten für die größten Meister aller Unterirdischen. Freundlich sagten sie dem geängstigten Gotte zu, sein Begehr zu erfüllen, und sie schmiedeten das Gold und zogen es in Fäden so fein wie Sonnenstrahlen, und da ihre Kunst eine lebenschaffende Kunst war, wie nur die echte Kunst, so gewann das Goldhaar alle Eigenschaften des natürlichen Haares und wuchs in goldenen Locken. Die freundlichen Zwerge aber wollten Loki

---

[53] *Brock und Sindri*: Zwei Zwerge, die als die größten Meister aller Unterirdischen galten. Sie schmiedeten für Loki goldenes Haar aus Sonnenstrahlen, das er auf Befehl Odins zur Wiedergutmachung an der Göttin Sif benötigte. Die Zwerge schenkten Loki auch noch den Speer Gungnir, der nie sein Ziel verfehlte, und den anderen Asen das Wunderschiff Skidbladnir.

nicht reisen lassen, ohne ihm Weihegeschenke mitzugeben für die heiligen Götter, und sie schmiedeten für Wodan den wunderbaren Speer *Gungnir*[54], dessen Wurf, ja dessen bloßer Schwung den Tod bringt, und für die anderen Asen das Wunderschiff *Skidbladnir*[55], das ohne Wind zu fahren vermochte und durch den ärgsten Sturm, und das sich zusammenfalten und in die Tasche stecken ließ.

Lüstern sah Loki den Künstlern zu, und seine arglistige Seele sann, wie er den Zwergen noch andere Meisterwerke entlocken könne. Da nun der Zwerg Brock den Hauptanteil an der Arbeit getan hatte, so gedachte Loki, einen der Zwerge gegen den anderen auszuspielen, und er wettete scheinbar harmlos und wie aus fröhlicher Laune heraus, dass Brocks Bruder Sindri die drei Meisterwerke nicht durch seine Kunst überbieten oder auch nur annähernd Gleichwertiges schaffen könne. Brock, der seinen Bruder zärtlich liebte, nahm sofort Partei, und Loki reizte ihn in eine Wette hinein, in der der listige Gott sein Haupt verwettete gegen die drei Kleinodien, die nunmehr Sindri schaffen solle.

Ohne zu zögern, begann Sindri sein erstes Werk. Und als es so weit war, dass es ins Schmiedefeuer musste, um geglüht und gehärtet zu werden, zog Brock den Blasebalg, ohne auch nur eine Pause zu machen.

»Weshalb setzest du nicht einmal aus?« forschte Loki wie in harmloser Neugier.

»Zöge ich den Blasebalg nicht nach Gebühr und setzte ich nur eine Sekunde aus«, erwiderte der Zwerg, »so würde das Werk einen Fehler erleiden.«

Da verwandelte sich der ränkereiche Gott schnell in eine Stechfliege, flog auf Brocks Hand, die den Blasebalg zog, und stach ihn in den Finger. Aber Brock verbiss den Schmerz, um des Werkes seines Bruders willen, und hielt aus, bis das Werk fertig aus der Esse kam. Da war es ein Eber mit goldenen Borsten, der schneller als ein Himmelsross durch die Lüfte rannte und dessen goldene Borsten taghell die dunkelste Nacht durchleuchteten.

---

[54] *Gungnir*: Der nie sein Ziel verfehlende Speer Odins

[55] *Skidbladnir*: Von den Zwergen Brock und Sindri gebautes Wunderschiff, den Asen geschenkt. Es konnte ohne Wind fahren und auch durch den ärgsten Sturm. Es ließ sich zusammenfalten und in die Tasche stecken.

Und Sindri begann sein zweites Werk, und als es im Schmiedefeuer lag und Brock den Blasebalg zog, flog ihm Loki als Stechfliege in den Nacken und stach erbärmlich zu. Aber Brock zuckte nicht mit der Wimper, so wahnsinnig der Stich ihn schmerzte, bis das Werk fertig aus der Esse kam. Da war es der Ring Draupnir, der Tröpfler, von dem in jeder neunten Nacht acht neue kostbare Ringe abtropften, so dass sein Besitzer immer der Reichste war.

Und Sindri begann sein drittes und letztes Werk und schob es in das Schmiedefeuer, und Brock zog den Blasebalg in brüderlicher Treue. Da setzte sich ihm Loki als Stechfliege mitten auf das Augenlid und stach zu, dass ihm das Blut in die Augen floss. Brock zog und zog, bis er vor rinnendem Blut nicht Esse noch Blasebalg mehr erkennen konnte. Eine Sekunde nur ließ er los, schlug nach der Fliege und wischte hastig das Blut aus den Augen. Aber er hatte ausgehalten bis gegen den Schluss, und als Sindri das Werk aus der Esse nahm, war es ein Hammer, *Mjolnir*, der Zermalmer, der nie zerbrechen konnte, nicht an Stahl und nicht an Stein, und, wenn er geworfen wurde, immer in die Hand des Werfers zurückkehrte. Nur der Hammerstiel war ein wenig zu kurz geraten. Das war geschehen, als Brock das Blut aus den Augen wischte.

Voller Zorn über Lokis Arglist und Tücke verlangte Brock den Preis der Wette, Lokis boshaftes Haupt. Loki aber lachte ihn aus und wies auf den Hammer, der missraten sei. Da machte sich Brock mit Loki auf nach Asgard, den Göttern die Gaben zu bringen und ihren Schiedsspruch anzurufen.

Wie staunten die Götter über die Wunderwerke, über Sifs goldenes Haar, über Wodans Todesspeer und über das zaubertätige Götterschiff. Mehr aber noch staunten sie über den Ring *Draupnir*, den Tröpfler, den der Zwerg Allvater Wodan zur Gabe brachte, über den rennenden Goldeber, den er dem Wohltäter Freyer verehrte, und am meisten über den Hammer *Mjolnir*, den Zermalmer, denn es fehlte ihnen an gewaltigen Waffen, denen der Feind nichts entgegenzusetzen wusste. Und Brock überantwortete den Hammer dem freudig zugreifenden Thor.

Und Thor sprach:

»Es ist der Hammer und der Mann, der hinter ihm steht, auf den es ankommt. Mag der Stiel nun lang oder kurz sein.«

Da fiel der Schiedsspruch der Götter zugunsten des Zwerges, und Loki legte sich auf das Handeln und bot allerlei Lösegeld, aber der erzürnte Zwerg beharrte auf seinem Preis.

»So hol dir den Kopf, du verkümmerter Gnom«, lachte Loki und entglitt dem Verhöhnten auf seinen Zauberschuhen in die Lüfte.

Thors Biedersinn empörte sich über Lokis Betrug. Er schirrte seine Böcke vor den Donnerwagen, den Zahnknisterer und den Zahnknirscher, und brauste hinter dem Flüchtenden her. Er holte ihn ein, zwang ihn in den Wagen und brachte ihn dem Zwerg.

»Halt«, rief Loki, als der Zwerg das Messer zog, um den erwetteten Kopf herunterzuschneiden, »nur der Kopf ist dein; schneidest du mir in den Hals, so gilt es dein Leben.«

Da lachten die Götter über Lokis gelungenen Scherz, dass die Halle erbebte. Der Zwerg stand betroffen. Ohne den Hals zu verletzen, vermochte er den Kopf nicht abzulösen. Aber er zitterte nach Genugtuung. Und da der Kopf sein war, ergriff er wütend eine Ahle und einen Riemen und nähte dem Lästerer Loki das böse Maul zu. Dann erst trollte er sich befriedigt.

Lange ließen die Götter Loki mit vernähtem Lästermaule laufen. Dann aber fehlte ihnen sein scharfer Witz wie sein kluger Rat, und sie zogen den Riemen heraus. Denn sie wussten sich in einer schweren Sache, die den Himmel bedrohte, nicht zu helfen.

In Schuld und Schicksalskampf

DIE BEKRIEGUNG DER GOTTHEITEN untereinander, der Kampf zwischen Asen und Wanen, hatte alle Feinde der Himmelsordnung das Haupt recken lassen in aufhorchendem Frohlocken. Die Macht der Götter war nicht unangreifbar. Sie beruhte auf ihrer Einigkeit, dem festen Zusammenschluss aller ihrer Glieder und Gaben. Uneinigkeit, ein Zersplittern ihrer Machtfülle und Zugeständnisse an die anderen Welten mussten sie bald verwundbar machen. So rechnete man in Utgard, dem Land der Riesen und Trolle, wo alle Hasser saßen.

Noch lag in Asgard die Himmelsburg mit Türmen und Wällen zerstört. Unmutig dachten die Götter an die gewaltige Arbeit des Wiederaufbaues. Gerade jetzt, wo mit Njord und Freyer Reichtum und Wohlleben, wo mit Freya, der Heischenden, Lust und Laune am Liebesspiel fröhlichen Einzug gehalten hatten, waren sie der Arbeit entwöhnt, und sie ratschlagten her und hin, wie die Veste neu und noch stärker als zuvor erbaut werden könne, ohne dass einer der Götter Zeit und Mühe zu opfern brauche. Schon war es zu Unstimmigkeiten und heftigem Hader gekommen, als unvermutet Heimdall, der Wächter, einen Gast meldete.

* * * * *

Es war ein Mann von so ungeheuren Körpermaßen und Leibeskräften, wie sie die Götter nie erschaut hatten. Er ritt auf einem Ross, das des riesigen Reiters würdig war, und gab an, aus fremden Welten zu kommen und der größte Baumeister aller Zeiten zu sein.

Da horchten die Götter auf. Das war der Mann, der ihnen fehlte.

Sie führten ihn rings um Asgard und ließen ihn das Werk, das sie ihm zu übertragen gedachten, in Augenschein nehmen und begutachten. »Eile tut not«, sprachen sie, »es muss in kürzester Frist errichtet sein.« Dies stellten sie zur Bedingung.

Der gewaltige Baumeister ließ forschend seine Blicke über Götter und Göttinnen schweifen.

»Ich will die Burg uneinnehmbar bauen«, antwortete er, »und noch während dieses einen Winters. Doch müssen mir meine Bedingungen treu erfüllt werden.«

Da rieben sich die Asen vergnügt die Hände. »Fordere was du willst.«

Und der Baumeister sprach:

»Wenn ich die Burg innerhalb der genannten Frist und ohne auch nur einen Tag darüber hinaus zu gebrauchen, errichtet habe, so sollt ihr mir als Lohn Freya, die Liebliche, zur Frau geben und zu ihrer Bedienung die Sonnenjungfrau und die Mondjungfrau. Bedarf ich zu meiner Arbeit auch nur eines Tages Länge mehr, so habt ihr das ganze Werk, das ich geleistet habe, umsonst und ohne Entgelt, und ihr könnt mich von hinnen jagen.«

Da wurden die Götter ernst und traten zum Rat zusammen. Sie fühlten ihre Zusammengehörigkeit als ihr Heiligtum und wünschten den Verlust der wärmespendenden Freya und der lichtspendenden Jungfrauen Sonne und Mond nicht aufs Spiel zu setzen. Schon wollten sie das Ansinnen des starken Baumeisters als eine Beleidigung zurückweisen, als Loki, der Vielgewandte, das Wort ergriff. Er bewies den ernstgewordenen Asen, dass es selbst für sie, die Götter, eine Unmöglichkeit wäre, Asgards Veste in einem Winter zu erbauen, um wie viel mehr für diesen grobknochigen Schwätzer, der sich großtuerisch vermesse, die ganze Arbeit allein zu verrichten und nur mit Hilfe seines Pferdes. Jedenfalls aber würde der Fremde in seinem Ehrgeiz ein hübsches Stück Arbeit zuwege bringen, bevor er weggejagt würde, sodass den lachenden Göttern nur noch die letzte Vollendung des Werkes übrig bliebe. Und Loki redete so lustig und listig, dass er die Lacher auf seiner Seite hatte und sie ihm zustimmten, ohne an seine Heimtücke zu denken. Loki selber aber dachte sehr wohl an das Fehlschlagen seines Rates. Seine Eifersucht jedoch erhoffte immer aufs Neue ein Aufsteigen seiner persönlichen Macht, sobald die Macht derjenigen Götter, die ihm an Kraft und Ansehen überlegen waren, geschwächt wurde.

Der Baumeister wurde vor den Rat gerufen. Der Tag des Winterendes wurde auf die Stunde bestimmt und dem Festungsbauer Freya als Gattin zugesprochen und die Jungfrauen Sonne und Mond als Dienerinnen, wenn der Vertrag pünktlich eingehalten und eingelöst werde.

Der Baumeister verlangte zur Bekräftigung den Eid der Götter.

Da beschworen die Götter die Wahrhaftigkeit des Vertrages mit ihren höchsten Eiden. Nur Donar, der donnernde Thor, schwor nicht mit. Denn er war nicht anwesend und, wie immer vielbeschäftigt, ausgezogen, um den im Schweiße ihres Angesichtes arbeitenden Bauern beizustehen gegen die zerstörenden Gewalten aus Utland, dem Riesenheim.

›... umschlang mit seinen Armen die höchsten Felsenberge ...‹

Der Baumeister begann, ohne zu zögern, mit der Arbeit. Er reckte seine Glieder ins Ungeheuerliche, umschlang mit seinen Armen die höchsten Felsenberge, hob sie aus dem Grund und spannte sein Ross *Swadilfari*[56] vor, das sie mit Windeseile zu dem Bauplatz zog, wo der ungetüme Meister sie kunstgerecht schichtete. Tag und Nacht war Mann und Ross bei der Arbeit, und die Burg wuchs und wuchs, und staunend standen die Götter. Aber in ihr Staunen trat bald eine tiefe Beklommenheit, und die

---

[56] *Swadilfari*: Mächtiges Pferd eines unbekannten Eisriesen. Es wurde zum Bau der Mauer um Asgard eingesetzt. Nach Fertigstellung der Mauer sollte Freya dem Eisriesen zur Gemahlin werden. Durch Lokis List kam der Vertrag nicht zustande.

Beklommenheit wandelte sich in blassen Schrecken, als nur noch acht, dann fünf und jetzt nur noch drei Tage zwischen der letzten Vollendung der Burg und der Auslieferung der geliebten Göttinnen lagen. Eifernd zog Freya umher, traurig schlichen ihre Freundinnen Sonne und Mond ihr nach.

Da traten die Götter zum Rate zusammen, und sie schworen Loki, dem Verführer, furchtbare Rache auf ewige Zeit, wenn er den Vertrag, den er ihnen aufgeschwätzt, in letzter Stunde nicht hinfällig mache. Denn sie waren sich bewusst, dass ohne Freyas Wärme und ohne der Sonne und des Mondes Licht Himmel und Erde vereisen und verkümmern müsse. Sie packten Loki und schüttelten ihn im Zorn, dass ihm Feuer aus den Augen sprang und er in Todesängsten alles versprach, die Götter zu befreien.

*****

Wohl hatte er gesehen, dass der fremde Baumeister seine Arbeit nur mit Hilfe seines Hengstes Swadilfari schaffen könne. Den Hengst musste er ablenken. Und er nahm die Gestalt einer schönen Stute an und lief dem arbeitenden Hengst in den Weg. Der Hengst blieb stehen, schnob durch die Nüstern und stieß ein liebestrunkenes Wiehern aus. Alsbald tänzelte ihm die Stute vor der Nase herum, tat verliebt und vertraulich und stob von dannen, wenn der Hengst sie zu fassen glaubte. Dem Hengst stieg das Blut in die Augen. Das Liebesspiel brachte ihn um die Vernunft. Und als die Stute ihm wieder schmeichlerisch nahe kam, ließ er Arbeit Arbeit sein, warf das Geschirr ab und jagte hinter der gefallsüchtigen Schönen drein. Da flogen die Funken von ihren Hufen, und ganz Asgard erdröhnte von dem wilden Galopp. Drei Tage und drei Nächte ging die wilde Jagd, bis sich die Stute dem Hengst ergab, und der Baumeister stand in der Stunde, in der er die Burg übergeben sollte, vor dem unvollendeten Werk.

Zornbebend rief er die Götter herbei, schrie ihnen Lokis Verrat ins Gesicht und forderte sie auf, ihre Eidschwüre zu halten, wie es die Wahrhaftigkeit geböte.

Die Götter aber blieben kalt bei seinem Toben. Sie wiesen auf das unvollendete Werk und schickten Freya und die Jungfrauen Sonne und Mond in ihre Gemächer.

»Meineidige seid ihr!« brüllte der gewaltige Fremdling, griff seine Werkzeuge auf und holte aus, um die Burg und mit ihr die Götter zu zerschlagen.

In Todesnot riefen die Götter Thors, des Donnerers Namen. Und in selber Sekunde stand der Donnerer mitten unter ihnen, denn er fuhr mit dem Blitz. In der Hand wuchtete dem rotbärtigen Gott der Hammer Mjolnir. Beim ersten Blick erkannte sein Auge, dass der ungetüme Baumeister ein Abgesandter des eisigen und dunklen Riesenreiches sei, das sich Freyas Wärme und das Licht von Sonne und Mond dienstbar machen wollte, und ohne auch nur ein Wort zu reden, lief er den Riesen an und schmetterte ihm den Hammer in den Schädel, dass der fürchterliche Unhold wie ein gefällter Baum tot zusammenbrach.

Der Donnerer wischte den Hammer ab und steckte ihn in den Gürtel. Er strich seinen gesträubten roten Bart zurück und sah sich schweigend im Kreise um.

Dann erst sprach er.

»Nicht Rat und Rat und wieder Rat erhält am Leben. Nicht bei Göttern und nicht bei Menschen. Am Leben erhält nur die Tat!«

* * * * *

Sprach's, drehte sich um und ging seiner Wege.

Die Stute aber, in die Loki sich verwandelt hatte, warf von dem Riesenhengst Swadilfari ein wolkengraues Fohlen, wie es schneller nie gewesen war und niemals wieder wurde, denn es griff die Luft mit acht Füßen und überholte den Sturmwind. Sleipnir[57] hieß es und wurde Wodans, des nordischen Odins, Ross. –

Schwer an Gedanken saß Wodan an Mimirs Brunnen. Das Riesenreich hatte es gewagt, einen heimlichen Abgesandten nach Asgard zu entsenden, um die Einigkeit der Götter zu zerstören und ihnen Wärme und Licht zu rauben. Fast wäre den Riesen der Anschlag gelungen. Und Wodan wusste, als er einsam in Mimirs Brunnen starrte, dass sie von jetzt ab Anschlag auf Anschlag wiederholen würden, um die Götter zu verderben und über den Gestürzten das Reich der rohen Kraft und Gewalt und die Herrschaft der Zügellosigkeit aufzurichten. Und der einsam grübelnde Allvater wusste mehr. Von der wachsenden Üppigkeit waren die Götter zur Habgier und List, von der List zum Meineid fort-

---

geschritten. Meineidig waren die Götter. War das besser als rohe Kraft und Gewalt der Riesen? Den Meineid strafte die wahrhaftige Weltseele.

Und Wodan, der Allwissende, sah die Strafe.

* * * * *

Noch war sie fern, noch konnte sie durch glühende Willenskraft zurückgedrängt, durch neuerwachte, neu geschürte Begeisterung an der Ordnung der Welt hintan gehalten werden. Wegzuzaubern war sie nicht. Denn über Götterrunen und Himmelskunst stand die Wahrhaftigkeit der Weltseele, die sich selbst als oberstes Gebot – auch für die Herrschenden – eingesetzt hatte.

Am Brunnen Mimirs blickte Wodan, der Einsame, in die Zukunft. Der allmächtige Vater der Götter und Menschen erschauerte nicht. Allvater erkannte Allvaters Pflicht. Ob sie schwer war, ob sie unerfüllbar war – es durfte ihn nicht kümmern. Lässt ein Vater seine Pflicht, wenn tausendfältig anstürmender Feind seine Kinder zu zertreten droht? Der Vater nimmt den Kampf auf, wirft sich dem Feind entgegen, lenkt ihn ab, tut ihm Schaden und sucht, da er sie nicht zu retten vermag, die Todesstunde seiner Kinder mit verdreifachten Kräften hinauszuschieben, so weit er es nur vermag.

So auch dachte Wodan, der einsame Wanderer zur Quelle Mimirs, als er sich vom Brunnenrand erhob und in tiefem Sinnen heimkehrte gen Asgard.

»Sie müssen den *Begeisterungstrunk* haben«, murmelte er. »Der Begeisterte verdoppelt Leben und Kraft, der Zagende bringt sich um Willen und Frieden. Ich will ihnen den Begeisterungstrunk herbeischaffen, dass sie das Fürchten verlernen. Herrscher können irren, aber sie dürfen sich nicht fürchten.«

Es war gewesen, als Asen und Wanen sich geeinigt und sich gemischt und dessen zum Zeichen aus ihrem vermischten Speichel den *Kwasir* geschaffen hatten, der die Weisheit der Asen und die Lebensfrohheit der Wanen wie einen feurigen Rausch im Blute trug und alle Welt mit seinen Gaben entzückte. Im Berge hockten ein paar Neidlinge, Zwerge von kalter und berechnender Klugheit, die Kwasirs hohe Gaben wohl einzuschätzen verstanden, ohne dass es ihnen gelang, je aus einem ähnlichen feurigen Götterrausch heraus zu schaffen wie Kwasir. Sie blieben Handwerker, wo jener Künstler war. So gedachten sie, ihm das Künstlerblut zu rauben und es sich zu eigen zu machen. Sie baten den göttlichen

Kwasir, als er über die Erde wandelte und die Menschen zu veredeln trachtete, zu einem Gastmahl und stießen den Ahnungslosen, als er bei ihnen niedergesessen war, mit ihren Messern zu Tode. Das aufspritzende Blut fingen sie bis auf den letzten Tropfen in zwei Krügen auf und in einem Kessel, der *Odrerir*[58] genannt wurde nach dem berauschenden Blute. Die Krüge nannten sie *Son* und *Bodn*, das ist so viel wie Sühne und Anbietung. Dem Blute setzten die kundigen Zwerge Honig zu, sodass ein Met, ein Dichter-Met daraus wurde, der jeden, der von ihm trank, mit Begeisterung erfüllte und zum Dichter und heldischen Sänger machte. Zu den Asen aber trugen die Zwerge die Kunde, der weise Kwasir sei eines Tages, da ihm die Gedanken mehr denn je zuflogen, an seinem eigenen Witz erstickt.

Die beiden Zwerge hoben jetzt um so frecher das Haupt. Hatten sie dem göttlichen Kwasir seine Begeisterung weckenden künstlerischen Gaben geneidet, so neideten sie dem reichen Riesen Gilling seine irdischen Schätze. Sie luden den Riesen ehrerbietig zu einem Fischzug ein, trieben das Boot zum Kentern in eine Brandung und schwammen tauchend an Land, während der ungefüge Riese jämmerlich ertrinken musste. Dem jammernden Weib Gillings aber ließen sie, als sie aus dem Hause trat, um den Leichnam des Mannes zu bergen, vom Dach aus einen Mühlstein auf den Kopf fallen, der sie zerschmetterte, und aus der unbewachten Wohnung raubten sie, was sie tragen konnten.

Gillings Sohn jedoch, der Riese *Suttung*[59], verfolgte ihre Spuren, entdeckte die verbrecherischen Gernegroße und band sie mit Stricken, dass sie kaum noch atmen konnten. Er verurteilte die Gefesselten zum qualvollen Hungertod auf einer Meeresklippe. Vergebens boten die Schwächlinge Hab und Gut zur Rettung ihres Lebens. Als jedoch der Riese davonrudern wollte, sprachen sie ihm von dem Köstlichsten auf der Welt, von dem Rauschtrunk, dem Dichter-Met, der da ewige Liebe,

---

[58] *Odrerir*: Kessel, in den das Blut Kwasirs aufgefangen wurde, um mit Honig gemischt die reine Dichtkunst zu erschaffen. Zusätzlich wurden zwei Krüge benötigt Son und Bodn (Sühne und Anbietung).

[59] *Suttung*: Ein Riese, der die Zwerge Galar und Fjalar, die seine Eltern töteten, gefangen nahm (und später freiließ), um diesen wenigstens den süßen Dichter-Met Odrerir zu entlocken.

ewige Jugendlust, ewigen Heldenruhm schaffe. Der Riese horchte auf. Das dünkte dem Mann aus dem Geschlecht der Thursen und Joten, der Säufer und Fresser, ein begehrenswertes Lösegeld. Er nahm die Wimmernden mit sich, ließ sie die beiden Krüge mitsamt dem Kessel Odrerir herausschaffen und schenkte ihnen das armselige Dasein. Von diesen Beiden aber stammt die Sippe der Neidlinge allüberall.

Den Rauschtrunk der Begeisterung brachte Suttung ins Riesenland heim und versteckte ihn in einen hohlen Berg, zu dem es keinen Zugang gab. Seine schöne Tochter *Gunnlod*[60] steckte er mit in den Berg, damit der kostbare Met die kostbarste Wache habe.

Diesen Wundertrank Odrerir gedachte Wodan seinen Göttern gen Asgard zu holen. –

In Menschengestalt zog er über die Erde und fuhr über das Meer, das zwischen Midgard, dem Menschenheim, und Utland, dem Jotenheim, brandet. Und er nannte sich Bolwerk, das heißt: Böseswoller. Zuerst suchte er Baugi[61], des Riesen Suttung Bruder auf, denn er wusste, dass Suttung misstrauisch sei und unzugänglich für Fremde. Neun Riesenknechte mähten die Felder vor Baugis Haus. Sie riefen den Fremdling an, in welchen Geschäften er reise und was er hier herumlungere, und Wodan erwiderte bescheiden, er heiße Bolwerk und sei seines Zeichens ein Sensenschärfer. Sein Wetzstein vermöge die Sensen zu schärfen, dass sie in Wiesen und Acker hineinschnitten wie in weiche Butter und kein Knecht mehr einen Tropfen Schweiß verlöre.

Da drängten die Riesenknechte herbei und hielten ihm lüstern die nackten Sensen hin, dass er sie wetze. Bolwerk aber zog einen gemeinen Wetzstein hervor und warf ihn hoch über ihre Köpfe. »Fangt ihn!« rief er. »Wer ihn fängt, kann ihn behalten!« Und so hastig und wild fuhren die Riesenknechte nach dem sausenden Stein herum, dass die ungeschützten Sensen durcheinander wirbelten und einer dem andern, im Drange, den

---

[60] *Gunnlod*: Tochter des Riesen Suttung. Gunnlod wurde zur Bewachung des gestohlenen Dichter-Mets von Suttung in einen Berg gesperrt. Von Odin verführt, gibt sie den Dichter-Met preis.

[61] Der Riese *Baugi* ist der Bruder von Suttung. Baugi wird von Odin überredet, einen Tunnel durch den Berg Hnitbjörg zu bohren, um an den Zauber-Met zu gelangen.

Stein zu erwischen, den Kopf vom Halse säbelte. Wodan aber entwich, bis es Abend war.

Er fand den Riesen *Baugi* jammernd vor seinem Haus sitzen und befragte ihn nach dem Grund seiner Traurigkeit.

»Meine Knechte«, wetterte der Riese, »müssen sich während des Mähens toll und voll gesoffen haben, denn sie haben jählings das Raufen bekommen und sich allzumal umgebracht. Ich aber kriege für die drängende Ernte keine Knechte mehr.«

Der fremde Wanderer, der sich Bolwerk nannte, tröstete den Riesen.

»Was ist dabei? Ich habe Kräfte für neun. Wohl schaffe ich dir die Ernte ganz allein, wenn du mir dagegen ein Trünklein von dem Wunder-Met deines Bruders Suttung verschaffst, von dem ich in fernen Landen so viel Rühmendes hörte.«

Der Riese Baugi kratzte sich bedächtig den Kopf.

»Was den Met angeht, o Bolwerk, so ist mein Bruder Suttung in der Spendung auch nur eines Schlückleins hartleibiger als ein Drache. Aber eine Liebe ist die andere wert. Hilfst du mir, so helf ich dir.« Und sie gaben sich den Handschlag darauf.

Einen Sommer lang mähte Wodan des Riesen Felder und brachte die Garben bis auf die letzte unter Dach und Fach. Er, der einzige, allein. Und Baugi gedachte seines ehrlichen Wortes und ging zur Winterszeit mit seinem Knecht Bolwerk zu seinem Bruder Suttung, der sie beide vor die Türe warf.

»Geht's nicht auf gradem, so muss es auf krummem Wege gehen«, sprach Bolwerk zu Baugi. »Zeige du mir nur den Berg.«

Da wies ihm Baugi heimlich den Berg, den undurchdringbaren, und freute sich hämisch, dass er nun seines Wortes ledig sei, ohne dass er den Bruder dem Fremdling zuliebe verriete. Wodan jedoch trug einen Zauberbohrer bei sich, mit dem er ein feines Löchlein in den Felsen bohrte, bis der Bohrer in die Höhlung stieß, und er verwandelte sich in ein blitzschnell gleitendes Schlänglein und glitt durch das Bohrloch in den Berg, verwandelte sich in seine Göttergestalt zurück und stand in bezwingender Allgewalt vor der heiß erglühenden Jungfrau Gunnlod.

»Nie sah ich einen Mann«, stammelte die Erregte, »so herrlich anzuschauen wie du.«

»Wodan bin ich, der Herrscher aller Welten, und ich komme zu der Schönsten, die da lebt. Reich mir den Willkommenstrunk, mein Mädchen.«

Da reichte sie ihm den Krug Son, und er trank ihn leer in der ersten Nacht, die sie in seinen Armen lag, und reichte ihm den Krug Bodn, und er trank ihn leer in der zweiten Nacht, die sie in seinen Armen lag, und reichte ihm alles vergessend den Kessel Odrerir, und er trank ihn leer in der dritten Nacht, die sie in seinen Armen lag. Und in seliger Begeisterung gebar sie ihm einen Sohn, der hieß *Bragi*.

Und als Wodan den letzten Tropfen des Begeisterungstrankes in sich aufgenommen hatte, verließ er mit seinem Sohne den Berg, wandelte sich in einen Adler und schwang sich mit Bragi, der als jauchzendes Lied auf seinem Rücken ritt, in Himmelshöhen zum Flug gen Asgard.

Der Riese Suttung vernahm den jauchzenden Sang und den Flügelschlag. Da wusste er jäh, was ihm geschehen war. Den Zauber der Riesen ließ er spielen und stürmte als Adler dem Adler nach. Hin flog das stürmende Lied in die göttliche Freiheit, und die riesische Unvernunft setzte ihm nach, um es in ihren hohlen Berg zu sperren. Asgard nahe war Wodans Adler, der den Trank Odrerir im Leibe trug. Fast hatte ihn der Riesenadler erreicht. Die Götter eilten herbei. Schon flog die Begeisterung zu ihnen hinüber. »Heil!« riefen sie Wodan zu. »Dreifach Heil!« Und Becher und Schalen trugen sie herbei und hielten sie Wodans Adler entgegen. Und der Adler ließ aus seinem Schnabel den Begeisterungstrunk Odrerir, den er in sich trug, in die Becher und Schalen brausen, den schalen Bodensatz aber, der im Bauche verblieben war, in scharfem Strahl aus dem After fahren, also, dass er dem Riesenadler in die Augen beizte und Suttung wie verblödet niederfuhr.

Von diesem stammt die Sippe der Afterdichter, die echter Begeisterung bar sind.

In Walhall[62] aber, in Wodans gewaltiger Halle, kreiste der Becher der Begeisterung, erbrausten die Dichterlieder und schufen Heldenblut. Und als Bragi heranwuchs, der Gott der Dichter und der Sänger, vermählten ihn die Götter mit Idun, der Göttin der ewigen Jugend, die die Äpfel des Jungseins hütete, die nimmer altern lassen.

Seit jener Zeit gehören göttliche Dichtkunst und ewige Jugend unlösbar zusammen.

---

[62] *Walhall*: Prunkvollster Saal der Burg Gladsheim in Asgard

Die Götter auf Kundschaft

SEIT DER BEGEISTERUNGSTRUNK in Walhall die Runde machte und Bragi, der Dichtergott, seine Lieder sang von Heldentum und ewig jungem Ruhm, gewannen die Götter ihre alte Festigkeit zurück, und ihr Mut loderte auf wie eine heilige Flamme gegen jedes dunkle Schicksal, das an ihrer Vernichtung arbeitete. Reicher denn je und freudiger denn je stiegen die Opfer gen Himmel, welche die Menschen darbrachten, die wie die Götter zu kämpfen hatten gegen dunkle Mächte und sichtbare Feinde allüberall und darum *die* Gottheiten am meisten liebten, die ein kriegerisch Herz in der Brust trugen wie sie selber.

Das sah Loki, der neidische, mit starkem Unbehagen, und seine Arglist suchte, wie er den im Opfer bevorzugten Göttern Schaden antun könne, um sie niederzuhalten und sich selbst zu heben. Es war zu der Zeit, da Donar, der donnernde Thor, seine Kampffahrten plante gegen die unheilstiftenden Riesenmächte in Utgard, die seit des Riesenbaumeisters Erschlagung in rastloser Unruhe blieben.

Loki war nicht wählerisch, wenn es sich um die Erreichung seiner ehrgeizigen Ziele handelte. Er wünschte insgeheim die Aufrührer zu stärken und ihnen einen Zuschuss von der Unbeugsamkeit der Götter zu geben. Darum fuhr er gen Utland ins riesische Jotenreich und fand eine Riesin, *Angurboda*, ein fürchterliches Weib, die ihm grinsend zu Willen war und ihm Drillinge gebar von scheußlichem Aussehen. Den *Fenriswolf*[63], die Schlange *Jormungand*[64] und ein grausiges Weibsgeschöpf, die *Hel*[65].

---

[63] *Fenris*: Ein Riesenwolf. Gezeugt von Loki und Angurboda. Fenris bedrohte stets die Götter und musste deshalb mit dem magischen Faden gefesselt werden. Beim Untergang der Asen befreite er sich und verschlang Odin. Erst Odins Sohn Vidar konnte den Fenriswolf danach endlich zur Strecke bringen.

[64] *Jormungand*: Eine von Loki und der Riesin Angurboda gezeugte Riesenschlange, die in der tiefen See lebt und Midgard umschlingt. Beim Weltuntergang wird sie von Thor getötet, der aber auch an ihrem Gift stirbt.

[65] *Hel*: Eine von Loki und der Riesin Angurboda gezeugte Unheils-Riesin, die den Göttern ständig Angst machte und daher von Odin in die Totenwelt nach Niflheim verbannt wurde. Dort nimmt sie die Toten auf, die an Alter und Krankheit verstarben. Ihr zu Hilfe bewacht der Hund Garm den Eingang zur Totenwelt. Hel galt als gerechte Riesin.

Allvater erforschte die drei, als er in einsamer Stunde den Runenzauber befragte nach den Feinden Asgards und der Asen. Die Götter gingen zu Rat und beschlossen, den Riesen die Kinder Lokis abzufordern, da sie zum Wohnsitz des Vaters gehörten. Die Riesen willfahrten knirschend, denn noch wagten sie nicht offene Auflehnung gegen ihre Beherrscher.

Die Götter prallten zurück, als man die Scheusale vor sie brachte. Lokis Brut zu ermorden, widerstand ihnen an geheiligter Himmelsstätte. Aber unschädlich sollte sie gemacht werden. Und Wodan packte die Schlange und schleuderte sie in das Meer, das sich brausend um Midgard schlingt, und die *Midgardschlange* dehnte ihren eklen Leib, dass er rund um die Erde reichte und das Meer erfüllte, und sie biss sich mit scharfem Gebiss in den eigenen Schwanz, also, dass sie einen ungeheuren Ring bildete. Das grausige Weib, die *Hel*, verbannte Wodan in die tiefste Tiefe von Niflheim und setzte sie über die Totenwelt, in die nur gelangte, der an schleichendem Alter und Krankheiten aller Art, nicht aber an ehrlichen Schlachtenwunden gestorben war. Und Hel trat die Herrschaft an und war eine unerbittliche Forderin des Todes.

Noch war der *Fenriswolf* zurückgeblieben. Erst trieben die Götter ihren Scherz mit dem Wilden. Aber das Ungetüm wuchs mit jeder Nacht und drohte jeden zu verschlingen, der sich ihm näherte. Da hielten es die Götter bald für rätlich, ihn in Fesseln zu legen.

Sie wanden eine Schlinge, fesselten sich selber damit und zerrissen sie vor des Wolfes Augen.

»Nun, Fenris«, sprachen sie, »bist du auch so stark, so tue es nach.« Der Wolf ließ sich binden und sprengte die Fessel mit einem Ruck.

Da wanden die Asen eine dreifach starke Schlinge und reizten den Wolf, bis er sich wieder binden und schnüren ließ. Dreimal musste der Wolf anrücken. Dann sprang die Fessel in Stücke.

Zu den kunstreichen Zwergen sandte Wodan und befahl ihnen, eine Fessel herzustellen, die nicht zu lockern sei. Und die Zwerge suchten die seltensten Stoffe aus aller Welt zusammen, Barthaare eines Weibes, Wurzelfasern eines Felsen, Sehnenfäden eines Bären, mischten alles mit dem Speichel eines Vogels, dem Atem eines Fisches, der Geräuschlosigkeit einer Katze und wanden eine schmiegsame Fessel daraus, die sich umso stärker zusammenzog, je heftiger man gegen sie anging. Und die Fessel hieß Gleipnir[66].

An einen weltfernen, einsamen Ort begaben sich die Götter und nahmen den Fenriswolf wie zur Begleitung und Unterhaltung mit sich. Dort wiesen sie ihm die Fessel und reizten ihn wie schon zu zweien Malen, seine Kraft zu erproben. Aber der Wolf war misstrauisch geworden und wollte nicht.

»Welch einen Feigling führen wir in unserer Mitte«, höhnten die Götter ihn aus.

Der Wolf wurde ärgerlich und wollte den Vorwurf nicht auf sich sitzen lassen.

»Ich fürchte mich vor nichts«, grollte er, »aber ihr könntet mich bös verzaubern, während ich beschäftigt bin, die Fesseln zu sprengen. Lege mir also einer von euch die rechte Hand in den Rachen, damit das Wagestück ordnungsmäßig vonstatten geht. Ich beiße sie ab, wenn ihr Zaubereien treibt.«

Verblüfft sahen sich die Götter an. Die Schwerthand wünschte nicht einer zu opfern. Da trat heißen Angesichtes der tapfere Ziu vor, den die Nordmänner Tyr nannten und dem die jungen Krieger als ihrem Schlachtengott in blanken Schwertertänzen huldigten; er schob dem Untier wortlos die Rechte in den Rachen. Nun ließ der Fenriswolf das Abenteuer geschehen. Aber als ihn die Fessel Gleipnir wie mit Schlangenarmen umwand, dass ihm der ohnmächtige Schweiß aus allen Poren brach und er spürte, dass seine Kraft überwältigt sei, als die Götter die Fessel im Grunde der Erde verankerten, sodass er nimmer los konnte, schnappte er zornwütig zu und biss Tyr, der nicht mit der Wimper zuckte, die rechte Hand ab. So gab der Gott selber seine Buße. Dem Wolf aber, der alles um sich her zu verschlingen drohte und mit seinem durchdringenden Geheul Lebende und Tote erschreckte, stießen die Asen ein Schwert zwischen die aufgerissenen Kiefern, dass das Geheul erstarb und nur der Geifer des Wütenden in Strömen hervorschoss. Dann ließen sie ihn in der Einsamkeit. –

---

[66] *Gleipnir*: Magischer Faden, der von den Zwergen gefertigt wurde, um den Wolf Fenris an einen Felsen zu fesseln.

Wieder saß in Asgard Wodan, der Odin der Nordmänner, und lange währte sein Gespräch mit Donar, dem donnernden Thor, der nach ihm der mächtigste war, der Mann der Tat. Ernst blickte Thor, und er nickte zu allem, was Allvater sprach.

* * * * *

»Das Schicksal der Götter«, sprach Allvater, »liegt in der Götter eigener Hand. Mut schreckt es zurück.«

»Es ist wie bei den Menschen«, sprach Thor. »Jeder ist Herr seines Schicksals, solange er um sich schlägt.«

»Herrscher und Führer«, sprach Allvater, »sitzen auf weithin sichtbaren Stühlen. All ihr Tun ist leicht zu übersehen, und es ist leicht darum, sie anzugreifen.«

»So sollen sie«, sprach Thor, »nicht auf den Angriff warten, sondern den Angriff vorantragen.«

»Du bist des Vaters echter Sohn«, schloss Allvater. »So gehe denn hin und forsche den Feind in seinem Lager aus.«

Asathor schirrte seine Böcke in den Wagen. Er schnallte den Stärkegürtel um, der seine Kraft verdreifachte, und legte die Eisenhandschuhe an, mit denen er den Stiel seines Hammers Mjolnir fassen konnte, wenn der Hammer mitsamt dem Stiel glühend geworden war in der Hitze des Kampfes. Den Hammer selbst barg er am Busen. Dann lud er Loki zum Fahrtgenossen.

»Es ist besser, ich habe dich bei mir, als dass du in Asgard Schabernack treibst.« Und Loki, dem das Schicksal seiner Brut vor ängstlichen Augen stand, sagte ihm gute Reisekameradschaft zu.

Gen Utgard ging die Fahrt, und am Abend des ersten Tages hatten sie den Rand der bewohnten Erde am Meeresstrand erreicht und luden sich bei einem Bauern zur Nacht ein. Schwer hatten die Felder des Bauern mit den unwirtlichen Mächten aus dem jenseitigen Utgard zu kämpfen, und um die Armut des Mannes zu schonen, schlachtete Thor seine Böcke zur Abendmahlzeit, gebot aber jedem in der Familie, die Knochen fein säuberlich zu behandeln und unversehrt auf die Bockfelle zu legen. So sättigten sich alle und dankten dem gütigen Spender. Loki aber trieb es schon wieder, dem starken Gott Verlegenheiten zu schaffen, und er beschwatzte den Sohn des Bauern, ein Schenkelknöchlein zu öffnen und das leckere Mark herauszusaugen.

In der Morgenfrühe stand der Donnerer zur Weiterfahrt bereit. Er beschrieb mit dem Hammer sein Zeichen über Felle und Knochen, und augenblicks standen die Böcke fahrtbereit im Geschirr. Der eine Bock aber lahmte ein wenig und hinderte die schnelle Fahrt.

Thor griff nach seinem Hammer. Seine Augen blitzten vor Zorn und sein Rotbart sträubte sich. Da erkannten ihn die Bauersleute als den Gewaltigen, der ihre Äcker und ihr Leben schützte, und sie umfassten seine Knie und blickten ihn aus treuen Augen an.

* * * * *

»Asathor, es ist nicht unsere Schuld. Der, den du bei dir führst, erlaubte unserem Sohne *Thjalfi*[67], den Knochen zu öffnen und das Mark zu saugen. Nimm unseren Sohn Thjalfi zur Sühne als deinen Diener mit dir. Keinen Schnelleren im Lauf findest du unter den Menschen.«

Der Donnerer nahm die Sühne an und reichte die Hand freundlich zum Abschied. Und zu Loki gewandt, meinte er lächelnd: »Ich sehe, dass du lieber läufst, als fährst. Es wird ein beschwerlicher Marsch werden, der Schweiß kostet und Blasen unter den Füßen, aber du hast es gewollt. Auf, Thjalfi!«

Und er ließ das Bockgespann bei dem Bauern, dass er es bis zu seiner Rückkehr gut verpflege und den Schaden heile.

Durch das Meer schwamm Thor mit Loki und Thjalfi, und er wanderte mit ihnen durch die Wälderwildnis von Utgard, dass Loki oft erseufzte. Und sie fanden nichts Lebendiges und keine Herberge. Erst in dunkler Nacht stießen sie auf eine Behausung. Aber statt durch eine Tür mussten sie durch eine Art großen Schuppen kriechen und zählten vier langgestreckte Hallen mit einer fünften gekrümmten als Nebengelass. Todmüde sanken sie in Schlaf. Plötzlich fuhren sie wieder empor. Das Haus schwankte unter einem gräulichen Sturmgezeter wie ein Schiff, das kieloben zu gehen droht, und sie retteten sich eilends ins Freie und wachten den Morgen heran.

Am Morgen machte sich Thor auf Kundschaft. Er ging dem Sturmgezeter nach und stieß bald auf einen Riesen, der den Wald mit seinem Schnarchen füllte wie die Sturmtrompeten die Luft, und Thor nahm seinen Hammer. Im selben Augenblicke sprang der Riese auf und war so bergehoch, dass Thor kaum zu seinem Haupte hinaufzusehen vermochte

---

[67] *Thjalfi*: Der Schnellläufer am Hofe des König-Riesen Utgardloki

und den Hammerwurf unterließ. »Ich suche meinen Handschuh«, knurrte der Riese, spähte umher und hob die Behausung auf mit den vier langgestreckten Sälen und dem fünften als Nebengelass. Thor machte runde Augen. Im Handschuh des Riesen hatte er mit seinen Gesellen genächtigt.

Der Riese aber machte sich gutmütig mit den fremden Wanderern bekannt, nannte sich selber *Skrymir*[68], das ist so viel wie Großmaul, und meinte, auf den Donnerer weisend. »Dieser da ist unverkennbar. Es ist *Asathor*, der den Hammer führt.« Und er erbot sich, ihnen den Weg zur Königsburg in Utgard zu weisen.

* * * * *

»Ihr seid für den Marsch zu sehr mit euren Vorratssäcken belastet«, meinte er bei der gemeinsamen Wanderung. »Gebt mir die Bündel. Einem Kerl wie mir macht es nichts aus.« Und er öffnete den eigenen Rucksack, packte die Bündel seiner Begleiter hinein, schnürte den Sack zu und warf ihn wie eine Feder über die Schulter. Damit waren die drei Wanderer wohl zufrieden. Weniger zufrieden aber waren sie, dass sie mit den Riesenbeinen Schritt halten und einen ganzen Tag lang, bis zum Einbruch der Nacht, Jagdhunden gleich hinter Skrymir durch nicht enden wollende Waldwildnisse rennen und stolpern mussten, ohne essen oder trinken zu können. Und als der Riese endlich Halt machte, weil es pechdunkel im Wald geworden war, und die drei Gesellen atemlos bei ihm anlangten, hatte sich Skrymir bereits in das Moos gebettet und schnarchte, dass die Baumwipfel brausten und die Vögel aus den Nestern stürzten.

Loki drehte sich vor Hunger auf einem Bein und verwünschte die verunglückte Reise. Thjalfi, der Läufer, ließ die ausgetrocknete Zunge bis zum Kinn hinunterhängen. Thor aber donnerte sie an: »Nie hilft Schimpfen zum Ziel oder schweigendes Ertragen! Regt die Hände! Packt an!« Und sie packten zu dritt des Riesen Rucksack und wälzten ihn herum und mühten und mühten sich vergebens, die Verschnürung zu öffnen.

Thor griff nach dem Hammer.

»Wach auf, du Schnarcher«, rief er, »wir verhungern!« Und er schlug ihm den Hammer auf den Schädel, dass der Wald wie von einer Pauke erdröhnte.

---

[68] Der Riese *Skrymir* galt als Großsprecher und lieferte sich Duelle mit dem Gott Thor.

Der Riese wischte schlaftrunken über seine Stirn. »Es ist mir ein Blatt auf den Kopf gefallen«, murmelte er, und schon schnarchte er weiter.

Thor stutzte. Dann sammelte er eine Zeit lang weise seine Kräfte, hob den Hammer und jagte ihn in Skrymirs Wirbel, dass von dem Gedröhne die Berge hüpften.

Wieder fuhr sich der Riese schlaftrunken über den Kopf. »Diesmal ist mir eine Eichel auf den Kopf gehüpft«, murmelte er, und schon schnarchte er weiter.

Sprachlos starrte der Donnerer auf den ungeheuren Mann, bei dem selbst sein Hammer versagte.

»Lass ab«, bat Loki in Ängsten, »hier findest du leicht deinen Meister. Lass uns umkehren und nimmer wiederkommen.«

Mit einer Handbewegung tat Thor den Schwätzer ab. Bis es dämmerte, ruhte er. Dann erhob er sich neu gestärkt, ließ so schnell den Hammer kreisen, dass er Blitze schoss, und schmetterte ihn mit Donnergekrach tief in des Riesen Schläfenbein.

Der aber wurde munter und sprang auf die Füße. Mit der Hand wischte er sich den Kopf.

»Pfui! Pfui! Da hat ein Vogel mir 'was auf den Kopf klatschen lassen. Ich mach mich davon.«

»Erst zeig den Weg zu Ende!« verlangte Thor.

Der Riese sah die von den Nachtwachen, von Hunger und Durst Ermüdeten forschend an. »Wenn ihr auf eurer Reise besteht, so sei's. Aber ich warne euch. Der König *Utgardloki*, zu dem ihr wollt, gebietet über Riesenkerle, gegen die ich nur ein Kinderspaß bin. Seid also fein bescheiden an seinem Hof, haltet die Zunge im Zaum und überhebt euch nicht, damit ihr halbwegs gesund von dannen schlüpft. Ich an eurer Stelle trollte mich schleunigst und setzte meinen guten Namen nicht aufs Spiel.«

»Schweig, du Großmaul«, gebot Thor, »und weise den Weg.«

Da deutete Skrymir auf eine Waldlichtung, schulterte seinen Sack und verschwand zwischen den Bäumen.

Ohne Zögern marschierte Thor auf die Waldlichtung zu, ob auch Loki ihn anflehte, das Abenteuer auf günstigere Zeiten zu verschieben. Und als sie die Waldlichtung erreicht hatten, sprang vor ihnen auf einem Felsen Utgardlokis Burg bis in die Wolken, von einem Eisengitter dicht verschlossen. Kein Wächter meldete sich, als sie riefen.

»Wir sind so klein wie die Ameisen vor diesem Riesenwall«, jammerte Loki.

»Auch Kleinheit kann vom Flecke helfen«, entgegnete Thor. »Sieh her!« Und er zwängte sich leicht durch die Gitterstäbe und half den Gefährten nach. So kamen sie in den Burghof, auf den die Königshalle mündete, und Thor führte die Gefährten hocherhobenen Hauptes in die Halle.

Auf erhabenem Thron, die Schar seiner Riesenmannen um sich, saß in dunkler Pracht der König Utgardloki. Er zwinkerte mit den Augen, als vermöge er nicht recht zu erkennen, was sich über den Boden zu seinen Füßen auf ihn zu bewege.

»Ei, du putziger Kleiner«, rief er dem Donnerer zu, »was bist denn du für ein Kerlchen?«

»Ich bin Donar, der Ase, den sie den Thor nennen. Ich komme, dich zu besuchen.«

»Kleiner Scherzbold«, spottete der Riesenkönig, »Asathor willst du sein? Den hatte ich mir als einen Mann gedacht, immerhin mir bis zum Bauche. Doch vielleicht – wer weiß es – kannst du mit deinen Gefährten da allerlei Taten, die euch ein Wettspiel mit meinen Mannen suchen lassen.« Und er lachte, dass sein Bauch schütterte.

Der hungernde Loki sprang vor.

»Ich vermesse mich«, rief der Listige, »jeden zu schlagen, der es mit mir im Essen aufnehmen will. Und sei sein Magen so lang, dass ich selbst darin wohnen könnte.«

Die Wette machte dem König Spaß, und er winkte einem seiner Hofleute, den er Logi rief, sich bereit zu machen. Da wurde zwischen die beiden Kämpen ein Trog geschoben, bis zum Rande gehäuft mit Rindervierteln, und Loki, der Ase, setzte sich an das eine Ende des Troges, und Logi, der Riese, an das andere. Dann gab der König das Zeichen. Und sie aßen und fraßen, dass ihnen die Augen aus den Höhlen quollen und den Zuschauern die Haare zu Berge standen, und als sie in der Mitte des Troges mit den Köpfen aneinanderprallten, war der Trog bis auf den Boden leer, und sie leckten sich die Lippen.

Der König kam und sah in den Trog hinein. Da lagen in der Hälfte, die Loki, der Ase, leergezehrt hatte, die Knochen abgenagt und ausgesogen bis aufs Mark. Logi, der Riese, aber hatte die Knochen samt dem Fleisch verschlungen und seinen halben Holztrog obendrein. Darum wurde der Riese für den Sieger erklärt. Loki war es einerlei. Er war satt geworden.

Und der König wandte sich an Thjalfi und fragte ihn, in welcher Kunst er sich etwas zutraue.

»Ich bin ein Schnell-Läufer«, antwortete der Jüngling, »stell mich auf die Probe.«

Der König rief einen Diener, den er Hugi nannte, und alle gingen sie auf ein weites Feld. Der Knabe rannte wie der Wind nach dem Ziel, aber Hugi flog ihm voraus und kehrte zu ihm zurück, und Thjalfi musste sich geschlagen geben.

Nun wandte sich der König Utgardloki[69] dem Donnerer zu.

»Die Reihe ist an dir. Beweise uns die überlegene Kunst der Asen und wähle selber.«

Da wählte Asathor das Trinkhorn. Denn er war ein Zecher, der alles Lebende unter die Bänke trank.

So saßen sie in der Halle auf der Met-Bank nieder, und Utgardloki hieß das Horn bringen.

»Sieh dir meine Mannen an, Thor. Sie leeren dies Horn auf einen Zug, wenn sie bei Laune sind. Sicherlich aber in zwei Zügen. Wer es aber mit dreien nicht zu leeren vermag, der lässt das Trinken den Männern und schleicht sich hinaus zu den zullenden[70] Knaben.«

»Lass dein törichtes Reden«, sprach Asathor und hob dürstend das Horn, dass der Inhalt in Strömen in ihn hineinlief und alle Mannen die Hälse reckten. Aber als er tiefatmend das Horn absetzte und hineinblickte, bemerkte er zu seiner Bestürzung, dass das Getränk nicht um eines Fingers Breite abgenommen hatte.

»Du bist weise«, sagte Utgardloki. »Du hast zunächst nur eine Kostprobe nehmen wollen.«

Zornig setzte Thor das Horn zum zweiten Male an. Aber nur der Innenrand des Hornes war freigelegt.

»Nun hast du dir zur Genüge den Mund ausgespült«, heuchelte der Riesenkönig. »Bist du nun endlich auf den Geschmack gekommen, so trinke!«

Asathors Antlitz färbte sich so rot wie sein Bart. Er packte das Trinkhorn, dass es knirschte. Und zum dritten Zug hob er es an den Mund und

---

[69] *Utgardloki*: Der König der Riesen und Trolle

[70] *zullen (altd., niederl.):* saugen, lutschen

sog und sog, dass ihm die Adern wie Stricke über den Schläfen schwollen, und stürzte und stürzte, dass es wie Meerflut in seinem Halse rauschte, und setzte endlich ab. Da war der Trank im Horn weit zurückgegangen, aber ausgetrunken war er nicht.

»Du bist heute nicht durstig«, meinte Utgardloki, der mit allen seinen Mannen ein wenig blass geworden war bei des Gottes wild empörtem Zug. »Vielleicht gefällt es dir, dich an ein Spiel zu machen, wie es unsere Jungmannen zu ihrem Vergnügen treiben, nämlich meine große Katze vom Boden zu heben. Es wird für deine Kraft eher passen.«

Der Donnerer spürte den Hohn. Aber er zügelte seinen Zorn. Er ergriff die Riesenkatze, die sich auf den Fliesen sonnte, am Bauchfell und glaubte sie zu heben, aber die Katze hatte nur einen Buckel gemacht. Er biss die Zähne zusammen und rüttelte das Vieh, das sich steif auf den Beinen sperrte, zusammen. Und dann glückte es ihm, ein Bein der Katze hochzuheben und nicht mehr.

Der Riesenkönig lächelte wie in Mitleiden. »Es ist nicht recht von mir, dich mit deinem schwachen Körper an Aufgaben zu stellen, die meine Leute mit ihren Riesenkräften spielend lösen. In Asgard magst du der Stärkste sein. Hier kommst du, wie du selber siehst, nicht in Betracht.«

»Stelle mir einen Gegner«, brüllte Thor auf in schäumender Wut, »jeden von euch, wer es auch sei. Ich will ihn im Ringkampf werfen, dass er das Aufstehen auf immer vergisst.«

* * * * *

Die Riesen rührten sich nicht. Und erst nach einer Pause sprach Utgardloki sanft:

»Die Bärenkraft meiner Männer scheint mir zu unsanft für dich. Versuche es zuerst mit einem Weibe. Ruft mir einmal meine alte Amme Elli her. Sie genügt für diesen Fall.«

Die Alte kam grinsend auf den Asen zu, und Thor nahm den Ringkampf auf. Mit geschlossenen Augen, wortlos vor Grimm, rang er, dass ihm die Muskeln auf den Armen zu tanzenden Ballen wurden. Er bekam das Weib nicht unter. Da stellte ihm die Alte jählings ein Bein, über das er stolperte und auf ein Knie stürzte. Schon war er wieder auf den Füßen, als Utgardloki die Kämpfer trennte und den schäumenden Asen für besiegt erklärte.

»Nun aber wollen wir uns zum Mahle setzen und auch den Becher kreisen lassen, denn ihr habt euch nach euren Kräften gut gehalten.«

›Da stellte ihm die Alte jählings ein Bein, über das er stolperte ...‹

Das gnädige Lob vermochte nichts über den Donnerer. Speise und Trank mundeten ihm nicht, und er war froh, als alle zur Ruhe gingen. In der Frühe wollte er mit seinen Gesellen fort.

Der König der Riesen und Trolle, Utgardloki, stand am Burgtor, als die Wanderer am Morgen Abschied nahmen. »Nun werde ich euch wohl niemals wiedersehen«, sagte er bedauernd.

»Nicht eher, als bis ich meiner Kräfte wieder Herr und Meister bin«, entgegnete Thor finster.

Der König hob beschwörend die Hand.

»Stärkster der Asen, du hast gesehen, dass deine Kräfte bei uns nicht für eine Katze und ein altes Weib ausreichen. Ich aber will dir mehr sagen: dein Geist reichte noch um vieles weniger aus. Eitel Blendwerk habe ich dir vorgemacht, und du bist ihm nicht auf die Spur gekommen. Ich wusste von deinem Nahen. Als Riese Skrymir begegnete ich dir im Walde und suchte dir deine Abenteuer zu verleiden, indem ich dich in die Irre führte und dich hungern und dürsten ließ. Mein Bündel war mit Eisenklammern verschlossen statt mit Stricken. Dreimal schlugst du mir auf den Schädel, und jeder Schlag hätte mich zermalmt. Aber ich hielt mir jedes Mal einen Felsblock vor, und du merktest es nicht und schlugst Löcher in den Stein so tief wie ein Brunnenloch.

Nie sah ich einen einzelnen Mann fressen, wie der verhungerte Loki fraß. Aber mein Logi war kein Mann, sondern wildes Feuer, das den Fraß mitsamt dem Trog verzehrte. Nie sah ich einen Menschen rennen, wie der Thjalfi rannte. Aber mein Hugi war der hin und her jagende Gedanke. Dann hobst du das Trinkhorn und merktest nicht, dass ich seine gewundene Spitze tief in das Weltmeer versenkt hatte. Meiner Treu, du hast die Flut so niedergetrunken, dass von heute ein Zustand im Meere eingetreten ist, den man die Ebbe nennen wird. Als du die Katze beim Bauchfell packtest, merktest du nicht, dass du die Midgardschlange gepackt hattest, die wie ein Ring um die Erde liegt. Als du der Katze das Hinterbein hobst, hattest du schon den Schwanz der Schlange aus dem Meere emporgerissen. Die alte Amme Elli aber, du blinder Thor, war das Alter, das keiner überwindet und dem keiner stand hält. Dir musste sie erst ein Bein stellen, und trotzdem —«

Thors Gestalt begann zu wachsen. Jedes Haar in seinem Rotbart richtete sich steil empor. Seine Hand tastete nach dem Hammer.

Utgardloki, der König der Riesen und der zaubergewandten Trolle, ließ kein Auge von ihm. Seine Stimme wurde kreischend. Der Triumph über seinen Sieg raubte ihm die Vernunft.

»Hör mich zu Ende, schneller Gott. Wir haben dich und deine Asen-Kraft jämmerlich betrogen und werden es wieder und wieder tun. Nimm dein Erlebnis als Warnung! Kehre nie zu uns zurück! Wir machen deinem Schädel neues Blendwerk vor, dass du wie ein brüllend Tier in der Irre läufst und das Gelächter der Welt dich nach Hause hetzt. Schau her und such die Burg von Utgard!«

Thor schwang den Hammer. Jäh hielt er ein, denn er hätte ihn ins Wesenlose geschleudert. Die ragende Burg zerfloss vor seinen sehenden Augen in Nebelstreifen. Und wo der König Utgardloki gestanden hatte, zog ein dampfender Schwaden durch die Luft. – –

Zornigen Mutes wanderte der Donnerer dem Meere zu. Seine Begleiter folgten ihm scheu. Und der Zorn verwandelte sich in Nachdenklichkeit und befreite sich in einem fröhlichen Götterlachen.

»Ich habe eine Lehre erhalten«, sprach der starke Ase, »und eine Lehre ist so viel wie ein Sieg. Denn eine Lehre ist die Gebärmutter neuer Taten.«

»Wie nennt sich die Lehre?« fragte Loki und schlich sich horchend herbei.

»Wenn du zu Spitzbuben gehst, *schlag zu*, bevor sie dich prellen«, antwortete Thor, schwamm, von seinen Begleitern gefolgt, durch das Meer, fand bei den Bauern am Erdenrand seine geheilten Böcke wieder und fuhr, durch die Wolken donnernd, heim gen Asgard.

Lange weilte er bei Wodan im Gespräch, und als er ihn hochgemut verlassen hatte, begab sich Allvater zu der Göttin Saga kühlem Saal, über den die Wogen rauschten, und trank mit ihr aus goldenen Gefäßen, während er in Dichterworten sprach und Saga sang. – –

Im Zeichen des Hammers

IMMER MEHR HÄUFTEN SICH DIE KLAGEN über die Gewalttaten der Riesenmächte. Seit sie die Asen in Schuld verstrickt wussten, seit sie an den Himmlischen Schwächen und Fehler erkannt hatten, seit sie in dem gefürchteten Donnerer, nach Thors Fahrt zu Utgardloki, nichts anderes als einen Tölpel von Bauerngott zu erkennen glaubten und in dem Asen Loki oft genug einen stillen Verbündeten, wuchs ihre freche Anmaßung zur Unerträglichkeit, und besonders die Menschen hatten unter ihren räuberischen Übergriffen schwer zu leiden.

Der Donnerer aber hatte die erhaltene Lehre nicht vergessen. Tag und Nacht war er auf der Fahrt, und wohin ihn sein Bockgespann nicht trug, dorthin wanderte er mit seinem Hammer zu Fuß. Reißende Ströme durchwatete er, steile Felsenhäupter erklomm er, um der Räuber und Mörder der Menschen habhaft zu werden. Wo immer er sie antraf, stellte er sie wortlos zum Kampf und zerschmetterte ihnen mit seinem Hammer den Schädel. Da die Säufer und Fresser aber, die Thursen und Joten, Scharen von Kindern erzeugten, die in wenig Nächten stark und dick wie ihre Väter waren, so hatte der Hammer Tag und Nacht zu tun, ohne dass er die furchtbare Arbeit vollauf zu bewältigen vermochte. Und der Donnerer sah die wachsende Gefahr, wie Allvater Wodan am Brunnen Mimirs, mit stiller Sorge und schlug um so unerbittlicher drauflos, um Luft zu schaffen und den Göttern Zeit.

Nach *Freya* stand der gierige Sinn der Riesen. Ihre strahlende Wärme brauchten sie für ihr kaltes Reich und ihre Lieblichkeit zur Auffrischung ihres Wesens. Dessen waren die Götter sich wohl bewusst, und sie hatten Ursache genug, offene und versteckte Angriffe zu erwarten und abzuschlagen. Im Übrigen aber schützte sie Thors Hammer.

Um so furchtbarer war darum die Bestürzung, als eines Morgens der Hammer verschwunden war. Der Donnerer hatte ihn in einer Nacht, die er daheim verbringen konnte, neben sich auf dem Lager gehabt. Als er erwachte, griff er, wie stets zuerst, nach dem Stil. Er tastete vergebens. Mit einem Satz war er auf den Beinen, suchte sein Haus ab und donnerte die Götter aus dem Schlummer. »Wer hat mir den Schabernack angetan? Das ist kein Scherzspiel, und ich will es nicht leiden!«

Die Götter jedoch waren unschuldig an dem Verschwinden und blickten dem Erzürnten offen in die Augen, ohne sich Rat zu wissen. Nur Loki grinste ein wenig in sich hinein. Als ihn aber der Donnerer mit zornfunkelnden Augen anfuhr, und die Götter klagend den Untergang Asgards[71] weissagten, wenn der schützende Hammer nicht zur Stelle geschafft würde, wurde Loki geschmeidig, trat in den Kreis und gab sich ein großes Ansehen.

»Obwohl ihr es euch nicht zugestehen wollt, dass ich der Klügste bin, um nicht das winzigste Steinlein aus eurer Krone zu verlieren, will ich euch noch einmal den Beweis liefern und euch damit zur Anerkennung zwingen. Jammert weiter. Ich fahre in die Welt und suche den Hammer bei Riesen und bei Zwergen, im Schoße der Erde und auf dem Meeresgrund. Und ich werde ihn finden.«

Dann bat er Thor, ihm zu Freya das Geleit zu geben, denn er wünschte sich Freyas Falkenkleid zur Reise zu leihen, war aber bei Freya um seiner tückischen Liebeswerbungen willen nicht wohl gelitten. Freya willfahrte auf der Stelle und gab das Kleid. »Und wenn es von Gold und Silber wäre, ich gäb es her für den Hammer, der mich vor dem Begehr der scheußlichen Riesen schützt.«

Loki legte es an und fuhr brausend von dannen. Er fuhr nicht in den Schoß der Erde und nicht auf den Meeresgrund. Stracks fuhr er ins Riesenland nach Jotunheim und fand den Riesenfürsten *Thrym*[72] vergnügt seine Rosse striegeln und schmücken.

»Nun?« rief er dem heranbrausenden Loki entgegen. »Was jagt dich so sturmschnell nach Jotunheim? Geht es den Asen nicht gut, und suchst du ein Mittel gegen ihren Kopfschmerz?«

---

[71] Die Bezeichnung für den *Untergang des Asenreiches* ist *Ragnarök*: Kampf der Asen, Einherier, Riesen, Wanen und Spukgeister (Trolle, Alben, Mare). Modi und Magni, die Söhne Thors und seiner Geliebten Jarnsaxa, überlebten als eine der wenigen diesen Weltuntergang der Götter. Die Welten des Yggdrasil brechen zusammen unter Eis, Feuer und Sturm.

[72] *Thrym*: Riesenfürst, der vorübergehend Thors Hammer besaß. Er wollte im Gegenzug die Göttin Freya zur Gemahlin. Durch Lokis List wurde Thrym jedoch besiegt, und Thor erschlug mit dem zurückgewonnenen Hammer hunderte von weiteren Riesen einer Hochzeitsgesellschaft.

»Höre mich, Thrym«, sagte Loki schmeichelnd, »ich muss den Hammer wieder holen. Käme ich ohne ihn heim, so möchte es mir auf ewige Zeiten übel ergehen.«

»Ach nein«, sprach Thrym vergnügt, »den Hammer willst du zurück? Ich bin froh, dass ich ihn habe.«

»Du kannst ihn ja doch nicht verwenden«, redete Loki ihm zu. »Nur in des Donnerers Hand zeigt er seine Kraft.«

»Wohl, wohl«, nickte Thrym. »Und wenn er sich nicht in des Donnerers Hand befindet, ist er nicht gefährlicher als ein kurzgestieltes Stück alten Eisens. Damit ist viel gewonnen, wenn es zum Kampfe kommt.«

»Zum Kampfe um Freya, Thrym?«

»Um Freya, die liebliche, die süße. Aber es braucht nicht einmal zum Kampfe zu kommen. Die Asen können ihre heilen Köpfe und ich mein fröhliches Blut bewahren, wenn sie mir im Tausch Freya ausliefern gegen Thors Hammer. Im Arm der Lieblichen verzichte ich auf den Ruhm, euch zu prügeln.«

»Ich werde es gerne bestellen«, lächelte Loki schadenfroh und brauste gen Asgard zurück. Großtuerisch trat er in den Kreis der Götter. »Wo ist der Hammer?« donnerte Thor.

»Auf dass ihr seht, dass ich der Klügste bin – der Hammer ist gefunden. Bei Thrym liegt er, dem Riesenfürsten, zehn Klafter tief in der Erde versteckt, und das Versteck weiß nur Thrym.«

»Was frohlockst du denn, Prahlhans, der Hammer sei gefunden?« schnob der Donnerer.

»Weil ich«, versetzte Loki mit Wichtigkeit, »den Riesen bewog, freiwillig den Hammer herauszugeben. Er will es tun, so ihr ihm im Austausch Freya zum Weibe gebt.«

»Niemals«, rief Freya, die liebliche, entsetzt, »niemals lasse ich meinen schlanken Leib an die Dickwänste verschachern!« Und die Götter standen in tiefer Verlegenheit und wachsender Sorge.

Nur der Donnerer hatte sein Gleichgewicht wiedergefunden.

»Meine Lehre besagt«, sprach er grimmig, »wenn du zu Spitzbuben gehst, schlag' zu, bevor sie dich prellen. Das gedenke ich auch diesmal zu tun, und ich werde selber gehen.«

Da berieten die Götter heftig über die Ausführung der Reise, und Heimdall, der treue Wächter, sprach: »Sie werden dir wieder ein Blendwerk vorgaukeln, wenn du offen als Asathor zu ihnen kommst. Drum rate ich dir, lege Freyas Brautkleid an und umhülle dein Gesicht mit Freyas bräutlichem Schleier, dass dich niemand erkennt und dich der liebesblinde Thrym mit offenen Armen in seinen Saal aufnimmt. Das andere bleibe dann leicht dir überlassen.«

Wohl wehrte sich der stolze Donnergott gewaltig gegen die weibische Verkleidung, aber zuletzt musste er sich dem Bitten und Drängen der Asen fügen, da auch er keinen besseren Rat wusste, und er ließ sich in die Weiberröcke zwängen, hing den klirrenden Schlüsselbund an, schmückte Hals und Nacken mit dem leuchtenden Schmuck Brisingamen und wickelte den Schleier dicht um Haupt und Feuerbart. Dann winkte er Loki.

»Du begleitest mich als meine Magd. Du sollst auch deine Freude haben.«

Und Loki musste, obwohl er lieber beiseite geblieben wäre, in die Magdkleider hinein und mit auf die Fahrt. Funkenstiebend flog des Donnerers Bockgespann mit den Beiden durch die Lüfte.

»Sie kommt, sie kommt«, jubelte Thrym. »Freya, die liebliche, kommt, mein Lager zu wärmen! Auf, schmückt mir den Hochzeitssaal, rüstet das Mahl, schleppt Met herbei! Diese Nacht noch ruh ich am Herzen der lieblichsten Göttin!«

Sie saßen beim Hochzeitsmahl, und neben dem Freudetrunkenen saß Asathor im Brautgewand, das Antlitz dicht vom Schleier umhüllt. Wortlos saß er im Saal, den wohl hundert Riesen und Riesinnen füllten, um sich durch seine raue Sprache nicht zu verraten, aber er klimperte zuweilen mit dem Schlüsselbund und zupfte die Steine seines Geschmeides hervor, dass sie berauschend schimmerten und blitzten. Als aber das leckere Mahl mitsamt dem Met aufgetragen wurde, vergaß er die Vorsicht, aß einen ganzen Ochsen und acht Lachse auf einem Sitz und vertilgte dazu drei mächtige Fässer Met.

Der Riesenfürst riss vor Staunen Mund und Nüstern auf. »Wie gefräßig das Täubchen ist!«

Da sprang Loki dem Donnerer bei, Loki in der Magdkleidung, und er flüsterte dem Riesen zu:

»Acht Tage hat Freya aus Sehnsucht nach dem heutigen Tage keinen Bissen über die Lippen gebracht.«

Das tat dem eitlen Thrym in der Seele wohl, und er umfing zärtlich das Bräutchen und wollte es küssen. Thor gab nur den oberen Teil des

Schleiers frei, und mit einem Schreckensschrei taumelte Thrym zurück, als ihn ein paar wild funkelnde Augen trafen.

Wieder begütigte Loki, Loki in der Magdkleidung, und er flüsterte dem Riesen zu:

»Habt Ihr Freyas Augen gesehen? Acht Tage ist kein Schlaf hineingekommen aus Sehnsucht nach Euch! Nimmer noch brannten Frauenaugen in solcher Liebesglut.«

»Holt den Hammer«, brüllte der Riese in trunkener Lust, »holt den Hammer Mjolnir! Im Zeichen des Hammers soll unser Ehebund gesegnet werden, wie es bei den Göttern Brauch! Freu dich, mein Mädchen!«

Der Hammer wurde gebracht und in den Schoß der Braut gelegt. Da klingelte Asathor nicht mehr mit dem Schlüsselring. Seine Hand umspannte den geliebten Hammerstiel.

Und plötzlich warf er den Schleier zurück und zeigte sein flammendes Angesicht mit dem roten, aufwärts gesträubten Feuerbart. Ein einziger Schrei durchgellte den Saal. Und der Hammer sauste zuerst in Thryms, des Riesenfürsten, Schädel und zermalmte ihn zu Brei. Und der Hammer sauste durch den ganzen Saal, bald hierin, bald dorthin, und wer da flüchten wollte, den holte er ein. Mitten im Saal stand der Donnerer und schlug mit seinem Hammer Mjolnir die ganze Hochzeitsgesellschaft, mehr als Hundert Riesen und Riesinnen, zu Tode. Wie feierte er mit seinem Hammer das Wiedersehen! –

So groß wie die Freude in Asgard, so groß war die Wut im Jotenreich. Da sie dieses Mal Freya nicht haben konnten, beschlossen die Riesen, die Götter durch das Alter kraftlos zu machen und sich zu diesem Zwecke *Iduns* zu bemächtigen, des Dichtergottes Bragi Ehegemahl, die die Äpfel der ewigen Jugend hütete. Doch die Jugendgöttin ging nicht über Asgards Wiesen hinaus, und es musste schon ein Ase gefangen werden zum Austausch.

Es begab sich aber, dass Wodan mit anderen Göttern eine Fahrt durch die Welt machte, und auch Loki gehörte der Reisegesellschaft an. An einem Abend trieb sie der Hunger, sich auf einer entlegenen Weide einen Ochsen zu greifen, und sie brieten ihn unter einer ragenden Eiche. Aber solange sie ihn auch brieten, das Fleisch wurde nicht gar. Da gewahrten sie im Wipfel des Baumes einen Adler, der vor Freude mit den Flügeln schlug und ihnen zurief: »Ich leid's nicht, dass euch der Braten gerät! Oder ihr gebt mir so viel von dem Ochsen, als ich mag.« Verwundert über das seltsame Abenteuer, sagten die Götter zu; der Adler rauschte vom Wipfel nieder, und das Fleisch wurde gar. Der Adler jedoch begehrte hämisch das Beste für sich und schlug seine Krallen in die festen Lenden und den saftigen Bug. Da stieß ihm der gefräßige Loki eine Eisenstange in den Bauch.

Die Stange aber blieb haften, so sehr Loki auch zog und rüttelte. Und der Adler erhob sich und schleifte Loki hinter sich drein, durch Stoppelfelder und Morast, durch stachelige Sträucher und scharfe Felstrümmer, also dass der Tückegott jämmerlich geschunden wurde und arg um Gnade flehte. Die Götter, die zurückgeblieben waren, hielten sich den Leib vor Lachen über des Listigen Missgeschick und vernahmen nicht, was die Beiden verhandelten.

»Hör mich an«, rief der Adler. »Ich bin *Thjazzi*[73], der Riesenfürst. Du sollst die Freiheit haben, wenn du mir versprichst, mir heimlich Idun mit den Äpfeln zu bringen. Schwöre deine heiligsten Schwüre.« Und Loki schwor, was von ihm verlangt wurde.

Die Götter lachten noch immer, als er wieder zu ihnen stieß.

»Lieblich schaust du aus, vorwitziger Loki. Man könnte dich als Spatzenschreck in die Felder stellen.«

»Wartet ab, ob ihr nicht auch bald den Vogelscheuchen gleicht«, knurrte Loki tückisch und gedachte der Idun und ihrer Jugendäpfel.

Nach Asgard heimgekehrt, machte er sich an die Jugendspendende listig heran und erzählte ihr Wunderdinge von Äpfeln, die er ganz nahe Asgard in einem Wäldchen vorgefunden habe, tausendmal schöner, als Iduns Zauberäpfel, und stachelte ihre Neugier, mit ihm hinzulaufen und die Äpfel zu vergleichen. Als aber die Göttin mit ihren Äpfeln in den Wald gerannt kam, packte sie der Riese Thjazzi und brauste, als Adler, mit seiner kostbaren Beute davon.

Ein Kurzes, und die Götter wunderten sich, dass die holden Göttinnen abmagerten wie die Heuschrecken und Hängefalten bekamen und eselgraues Haar. Und sie wollten von ihren Liebkosungen nichts mehr wissen. Die Göttinnen aber zeigten mit Fingern auf die Kahlköpfe und Schmerbäuche der Götter und zählten ihnen die Zahnlücken auf. Da

---

[73] Der Sturm- und Frostriese *Thjazzi* entführt Idun, die Gattin des Bragi, um an die goldenen Äpfel zu gelangen. Er kommt jedoch um, als ihm auf dem Weg nach Asgard von den Göttern die Flügel verbrannt werden.

gewahrten sie mit Schrecken, dass sie alterten, und sie riefen nach Idun, um an ihren Äpfeln die Jugend zurückzugewinnen. Aber Idun war in ganz Asgard nicht zu finden.

Heimdall, der treue Wächter, sprach: »Ich sah sie mit Loki in den Grenzwald gehen.«

Da bedrohten sie Loki mit allen Martern, und der Donnerer schwang den Hammer über ihn, bis Loki gestand. »Ich habe dem Riesen meinen Eid gehalten. Jetzt schwöre ich euch einen neuen Eid, sie wiederzuholen.« Und er entlieh Freyas Falkengewand und sauste, als wäre Thors Hammer hinter ihm, durch die Lüfte gen Jotunheim, wo er die weinende Idun einsam in Thjazzis Halle fand, denn der Riese war auf das Meer hinaus, für die Untröstliche ein leckeres Fischgericht zu holen.

Blitzschnell verzauberte Loki die lachende Idun in eine Haselnuss, barg sie in seinen Falkenfängen und sauste mit ihr durch die Lüfte gen Asgard davon.

Aber der Riese hörte auf dem Meer das Flügelsausen, nahm die Gestalt eines Seeadlers an und brauste hinterdrein. Schon war Loki mit Idun in Asgard angelangt, als der blindwütende Seeadler die Grenzscheide überstürmte. Einen Scheiterhaufen entzündeten die Götter, und Thjazzi flog geblendet hinein und verbrannte elendiglich.

Die Götter aber und Göttinnen schmausten wie Ausgehungerte von Iduns Äpfeln; ihre Haut wurde wieder straff, ihre Körper schlank und stark, ihre Augen glänzend und ihre Lippen rot. Und es war an dem Abend eitel Liebesgirren in allen Kammern Asgards. –

Nur des Donnerers Hammer ruhte nicht. Wo die Menschen auf Erden von Riesengewalten bedroht wurden, riefen sie nach dem Gott mit seiner malmenden Waffe, wie die Asen selbst es taten, und Thor erschien wie der Gewitterblitz und reinigte Land und Luft von den Unholden. Nie war er daheim zu treffen, immer stand er irgendwo im Kampf, und so machte sich Allvater Wodan einst allein auf den Weg, um einen Blick auf die Kräfte des Riesenreiches zu gewinnen.

Auf seinem achtfüßigen Hengst Sleipnir jagte er hinaus nach Jotunheim, und als er mancherlei gesehen hatte, kam er an dem Reiche *Hrungnirs*, des mächtigsten und stärksten der Steinriesen, vorübergeritten, der ihn anrief.

»Was reitest du für ein Ross, du Mann im Goldhelm? Es scheint mir kein schlechtes.«

»Glaub's dir«, rief Wodan zurück. »Kein Ross im Riesenreich kommt ihm im Wettlauf ans Schwanzhaar.«

»Hoho«, prahlte der Riese, »mein Hengst Gullfaxi wird es dem deinen zeigen. Gib acht, ich fange dich ein wie eine Fliege.«

Und er warf sich auf den Hengst und jagte hinter Wodan drein, der ihm lachend entkam.

In Asgard sprang Wodan vom Rossesrücken, Hrungnir aber war so tollen Rittes, dass er die Grenzmark übersah und wie Wodan in Asgard landete, von den Göttern umringt.

»Fürchte dich nicht«, riefen sie ihm zu, »du sollst unser Gast sein und dich gesättigt heimwärts trollen.«

»Seh ich wie das Fürchten aus?« höhnte Hrungnir und schritt unverschämten Ganges zur Halle. »Bringt mir die größte Kanne Met, dass ich in etwa meinen Groll ersäufe.«

Da wurden ihm die Trinkhörner zugereicht, die nur Asathor allein zu leeren verstand, und der Riese stürzte den Met so hastig durch den Hals, dass er trunken wurde und in der Trunkenheit alle Götter des Himmels bedrohte. »Dieses Walhall nehm ich in die hohle Hand und trag es nach Jotunheim. Das ganze Asgard schmeiß ich ins Meer. Das ganze Göttergesindel prügle ich zu Tode. Nein – doch nicht das ganze. Diese da, die mir den Met einschenkt, die liebliche Freya, und diese da, die die Farbe des reifen Kornfelds im Goldhaar trägt, die üppige Sif, sie nehme ich beide zu Frauen. Beide miteinander. Wer wagt und widerspricht?«

Die Götter wichen zurück vor dem Wilden. Nur Freya schenkte ihm lächelnd weiter ein. Aber das trunkene Toben des Riesen wurde so lästerlich und sein Drohen so handgreiflich, dass einer der Asen des Donnerers Namen rief. »Wäre doch Thor hier und lehrte ihn Anstand!«

Im selben Augenblick fuhr der Donnerer, der seinen Namensruf bis ans Ende der Welt zu hören vermochte, wie der Blitz in den Saal und stand vor des staunenden Hrungnirs Füßen.

»Fort, Freya«, gebot er, »es war gut gemeint, aber für Scheusale bist du kein Schenkenmädchen.« Er wandte sich an den staunenden Riesen. »Was saugst du mit deinem ungewaschenen Maul an meinen Methörnern, trunkener Schuft?« Und er schlug ihm die Trinkhörner mit gewaltigem Schlag aus den Händen, dass der Riese vom Met ganz übergossen saß. Dann holte der Donnerer mit dem Hammer aus. »Jetzt aber sollst du die Zeche bezahlen.«

* * * * *

In des Riesen Hirn wurde es licht. Er sprang vom Sitz und hob die Hände hoch.

»Gastrecht genieß ich in Walhall. Wodan selber lud mich zu Gast! Willst du Asgards heiliges Gastrecht schänden?«

»Ich lud dich nicht!« donnerte Thor. »Mach mir nicht lange Umstände!«

»Feigling!« schrie der Riese. »Du wagst dich an den waffenlosen Mann? Vor allen Göttern fordere ich dich zum Zweikampf zu gegebener Frist, wenn du Mut im Leibe hast!«

Da ließ Thor den Hammer sinken.

»Trolle dich schleunigst. Ich nehme die Herausforderung an. Auf der Grenzscheide zwischen Asgard und Jotunheim treffe ich dich heute in drei Tagen.«

Pünktlich nach drei Tagen war der Donnerer zur Stelle, und sein Diener Thjalfi war als Zeuge bei ihm. Die Freunde Hrungnirs aber hatten einen neun Meilen hohen Riesen aus Lehm aufgebaut, ihm das Herz einer Stute eingesetzt und ihn mit fürchterlichen Waffen versehen, als Beistand Hrungnirs.

Thjalfi lief dem Donnerer voraus.

»Wahre dich, Hrungnir«, schrie er. »Der Ase kommt unter der Erde her und haut dir die Füße weg.«

* * * * *

Da warf der Riese schnell den Schild nieder und sprang mit den Füßen drauf, um sich zu schützen. Aber der Donnerer kam durch die Luft und schwang den Hammer, und der Riese warf ihm mit wilder Wucht einen felsengroßen Wetzstein entgegen, der den sausenden Hammer traf. Doch war der Hammer so unwiderstehlich geschleudert, dass der Wetzstein in tausend Stücke splitterte und der Steinkopf Hrungnirs zermalmt durch die Lüfte flog. Von einem Steinsplitter war auch Thor in der Stirn getroffen, sodass er vornüber stürzte, und als Hrungnir sank, wälzte sich ein Bein des Erschlagenen über des Donnerers Hals.

Der neun Meilen lange Lehmriese mit dem Stutenherz wollte Fersengeld geben, aber der wackere Thjalfi, der Schnell-Läufer, holte ihn ein und haute ihn in die Kniekehlen, dass er stürzte und zerbarst. Vergebens jedoch mühte sich Thjalfi, das ungetüme Bein des erschlagenen Hrungnir von seines Herrn Hals zu wälzen, und die Götter, die er zur Hilfe rief, vermochten es nicht besser.

Es war aber zu der Zeit, dass dem Donnerer der Sohn *Magni* geboren war. Der kam herbeigelaufen, obwohl er erst drei Nächte zählte, und warf das Riesenbein zornig von des Vaters Hals. »Schade, mein Vater, dass ich nicht früher zur Stelle sein konnte. Ich hätte dir den Kerl mit der nackten Faust erschlagen.«

Da erhob sich Thor und nahm seinen Sohn ungestüm in die Arme.

»Mein Blut wird im Himmel und auf Erden nicht untergehen. Immer wieder werden Männer erstehen. Männer in der Not. Männer der Tat!« –

Des Donnerers Name ging wie Todesschauern durch das Riesenreich. Manche der Thursen-Fürsten suchten sich freundlich zu den Asen zu stellen, und *Ägir*, der Herrscher der offenen Meere, lud sie zu einem fröhlichen Umtrunk in sein Reich. Als aber die Götter kamen, war nichts zum Feste vorbereitet, und Ägir versuchte es mit einer Ausrede. Es sei kein Braukessel vorhanden, der das nötige Maß hielte.

Thor aber hatte keine Lust, auf den Männertrunk zu verzichten, und der Schwertgott Ziu, den die Nordmänner Tyr nannten, pflichtete ihm bei, denn er wusste einen Kessel.

»*Hymir*«, so kündete er, »heißt der Beherrscher des Eismeeres. Der Gedanke der Weltseele, der mich in der Urzeit gebar und mir die schneidige Schärfe des Sonnenschwertes verlieh, diese göttliche Mutter wurde von dem Eisriesen Hymir geraubt und zu seinem Weibe gemacht, damit die schneidende Schärfe des Eises auch einen Abglanz der Sonne erhalte. So schenkt die goldene Frau dem Eismeere Hymir die Mitternachtssonne. Mir blieb sie mütterlich gewogen, und wenn wir Hymir, der den gewaltigsten Braukessel besitzt und seine Verwendung der Welt vorenthält, den Kessel abzufordern vermögen, so ist es nicht nur uns, sondern der ganzen Welt zum Gewinn. Möge mich der Donnerer mit seinem Hammer auf der Fahrt ins Eis begleiten.«

Da war der Donnerer wohl zufrieden. Mehr noch, als seinen Durst zu stillen, freute es ihn, die Menschheit neuer Segnungen teilhaftig werden zu lassen, und schleunigst umgürtete er sich mit dem Stärkegürtel, steckte den Hammer handgerecht und brauste auf seinem Bockgespann mit dem Fahrtgenossen davon.

In seiner unwirtlichen kristallenen Halle, die sich auf meterdicken Eissäulen wölbte, war Hymir bei der Ankunft der Gäste nicht anwesend. Gütig nahm die stille Göttin der Mitternachtssonne den Wunsch des geliebten Sohnes aus der Urzeit entgegen, bewirtete ihn und Asathor und verbarg sie einstweilen hinter einer mächtigen Eissäule, als Hymir von der Walfischjagd zurückkehrte. Kaum jedoch hatte sie dem Riesen den Wunsch der Asen nach dem Kessel überbracht, als Hymir den Aufenthaltsort der Götter witterte und seinen schneidenden Frostblick so scharf durch die meterdicke Eissäule sandte, dass die Säule zerbarst und zersplitterte und die Asen sich dem Wüterich preisgegeben sahen. Bevor aber Hymir zugreifen konnte, hatte der Donnerer seinen Hammer wurfbereit. Da wurde der Riese zugänglicher und lud knurrend die Gäste zu Tisch. Der fröhliche Donnerer aber verspeiste zwei Ochsen auf einem Sitz, also dass dem geizigen Hymir graute und er den starken Asen aufforderte, am Morgen mit ihm zur Auffüllung der Vorräte auf den Fischfang zu fahren. Dort gedachte er sich des Widerwärtigen zu entledigen.

Als der Donnerer am nächsten Morgen mit dem Eisriesen zu Schiff ging, bat er Hymir um einen Köder für seine Angelschnur. »Such ihn dir selber!« hauchte ihn der frostige Gastgeber an. Der Donnerer wandte sich um, packte einen der Stiere Hymirs, riss ihm mit einem einzigen Ruck das Haupt ab und steckte es als Köder an die Angelschnur. Dann fuhr er mit dem fassungslos dreinschauenden Riesen ins Meer hinaus, und sie warfen ihre Angelschnüre. Frohlockend zog der Riese ein paar mächtige Wale ins Boot. Der Ase aber ruderte weiter hinaus ins Meer, und obschon der Eisriese zornig widerriet, aus Furcht vor der Midgardschlange in den offenen Gewässern, warf der Donnerer im Schwung den Stierkopf in die Flut, und schon hatte die wütende Schlange den Köder verschluckt und suchte an der Leine das Boot mitsamt seinen Insassen zu sich hinunter zu ziehen.

Der starke Ase nahm seine ganze Kraft zusammen. Er hielt die Schnur mit eisernen Fäusten und stemmte sich mit den Füßen so unwiderstehlich gegen die Planken des Fahrzeuges, dass beide Beine durch den Boden durchbrachen und er mit den Füßen auf den Meeresgrund geriet.

»Desto besser«, lachte Asathor, »hier steh ich nur umso fester.« Und er holte die Schnur in gewaltigen Zügen an sich heran, bis sich der scheußliche Kopf des Ungetüms über Wasser hob. Mit furchtbaren Augen starrten sich die beiden Feinde an. Dann hob der Ase den Hammer, um der Weltschlange den Schädel zu zerschmettern. Der Riese aber, der sein Schiff verloren wähnte, durchschnitt in Todesangst die Angelschnur, und die unheilvolle Feindin der Götter und Menschen verschwand spurlos in der Tiefe.

Unwirsch wandte sich der Donnerer dem hilfeschreienden Riesen zu. Aber als er ihn im Wasser sinken sah, gedachte er des Kessels und packte den Riesen mitsamt dem Boot und der Walfischbeute, warf alles über die Schulter und watete an Land zurück.

»Nun gib den Kessel«, gebot er in der Halle.

Noch einmal suchte der Riese den Asen zu überlisten. Er reichte ihm seinen Trinkbecher dar zu einem Wettspiel. Könne der Ase den Kelch zerschmettern, so sei der Kessel frei. Sonst aber bliebe der Kessel, wo und wie er sich befände.

Der Donnerer ging lachend auf den Handel ein. Aber die Felsen zerbarsten, gegen die er das Trinkgefäß schmetterte, der Kelch blieb heil. Da raunte ihm die gütige Göttin der Mitternachtssonne zu. »Härter als alles ist Hymirs Schädel«, und der Donnerer verstand und schlug den Kelch gegen des Eisriesen Haupt, und der Kelch sprang in tausend Stücke.

»Der Kessel ist mein«, sprach der Ase, und während sich Hymir die zerbeulte Stirn an einem der Eispfeiler kühlte, griff Ziu, den die Nordmänner den Tyr nannten, den Kessel an, ohne ihn aufrichten zu können. Der Donnerer aber packte ihn und stülpte ihn sich wie eine Mütze über den Kopf.

Gen Asgard richtete sich der Lauf des Bockgespannes. Doch Hymir war zu sich gekommen, brüllte über sein Gebiet hin, dass aus allen Löchern und Ritzen Riesen und Trolle kletterten, und umzingelte mit seiner Unhold-Schar den vorwärtsstürmenden Wagen.

Thor gab Tyr die Zügel. Er selber fasste den Hammer. »Achtung, er beißt!« donnerte er in den Haufen hinein, und der Hammer Mjolnir zermalmte Hymir und nach ihm seiner ganzen Schar die Schädel.

So brachten der Donnerer und sein Schwertgenosse den Kessel heim, und als sie ihn in Ägirs Halle schafften, war er so groß, dass das freie Meer sich weitete zugunsten aller Schifffahrt, und dem starren und vernichtenden Eismeer sein tiefstes Becken genommen war.

* * * * *

Und wieder und wieder zog der Donnerer aus, die drohenden Gefahren von Göttern und Menschen zu scheuchen. Selbst für Loki, den Arglistigen, stand er ein, weil er dennoch ein Ase war. Wohl hatte Loki aufs neue Tücke geübt und der schlummernden Freya das lichtspendende Halsband Brisingamen entwendet. Eben noch vermochte Heimdall, der treue Wächter, dem Flüchtigen nachzusetzen und ihn mit seinem guten

Schwert zu stellen. Loki aber entschlüpfte dem Schwertstreich als geschmeidige Robbe und tauchte in See. Doch schon war auch Heimdall in Robbengestalt in See getaucht, und die Robbe ergriff die andere beim Genick und biss sie dermaßen zu schanden, dass Loki, als er sich schleunigst wieder zurückverwandelte, im Gesicht und an den Gliedern zerschunden war, als hätte er in einem Brennnesselfeld genächtigt, und reumütig das Halsband der Freya herausgab.

Der Donnerer wusste um diese Streiche und um manche andere. Aber im Stich ließ er auch den Heimtücker und Schadenfrohen nicht, der zu den Asen zählte. So ehrlich dachte Asathor.

Loki gedachte zur Abwechslung zu dem Glutriesen *Geirröd*[74] zu fahren, wie der Donnerer zu dem Eisriesen Hymir gefahren war. Er entnahm Freya das Falkengewand und flog hinaus, bis er Geirröds Dachstuhl fand und neugierig durch die Esse schaute. »Fangt mir den seltenen Vogel«, befahl Geirröd seinen Riesen, und die ungeschlachten Kerle kletterten so täppisch an den Hauswänden hinauf, dass Loki seine helle Freude hatte und, um sie zu ärgern, in Ruhe sitzen blieb. Als endlich einer der riesigen Gesellen die Hand nach ihm strecken konnte, hob er voll Spott die Flügel, um sich nachlässig zu verabschieden – aber o Schreck, die Beine klebten fest. Er war dem Riesen auf den Vogelleim gegangen. Vom Dachstuhl heruntergeholt, weigerte sich der sonderbare Vogel, Namen und Herkunft zu nennen, und Geirröd sperrte ihn drei Monate lang in einen engen Käfig, bis er sich vor Hunger krümmte. Da wurde er mitteilsamer und gab Auskunft.

»Ei«, schmunzelte der Glutriese, »ich wüsste schon einen Handel, der dir die Freiheit schenken könnte. Wenn an deiner Statt der Donnerer, dieser verhassteste aller Asen, zu mir kommen würde, ohne seinen Hammer, ohne seinen Stärkegürtel, so brauchtest du nicht zurückzukehren.«

Loki nahm Urlaub von dem Riesen und kehrte nach Asgard heim. Schweigend hörte der Donnerer den Geängstigten an. Und er rüstete sich zum Aufbruch.

---

[74] *Geirröd*: Bösartiger Riese, dem Loki auf den Leim geht (sitzt als Falke auf Geirröds Kamin fest). Der Befreiungskampf endet mit der Vernichtung Geirröds durch Thors Hammer.

»Du gehörst zu uns«, sagte er nur. »Trotz deiner sündhaften Fehler. Ich will dir noch einmal zeigen, was wahre Kameradschaft ist.«

Am Abend kehrte der Ase waffenlos mit Loki bei der Erdriesin *Grid* ein. Die hatte vor Zeiten dem Wodan einen Sohn geboren, den schweigsamen aber bärenstarken Widar, ›den Asen mit dem Schuh‹, wie ihn die Götter nannten. Denn er trug einen Schuh aus aller Länder Leder, der undurchdringlich war.

»Sei auf der Hut, du Starker«, warnte die Asenfreundin den furchtlosen Gott. »Geirröd ist der Bösartigsten einer und sucht dich zu verderben. Er wird keinen Zauber und keine Hinterlist scheuen, um dich, den Schrecken des Riesenreiches, auf immer zu vernichten.«

»Wenn ich Loki frei bekommen soll von seinem Wort«, entgegnete der Donnerer, »so muss ich ohne meinen Hammer, ohne meinen Stärkegürtel bei Geirröd erscheinen. Es wird ein schwer Stück Arbeit werden.«

»So lautet der Vertrag«, sprach die Asenfreundin nachdenklich. »Aber höre! Auch ich besitze einen Stärkegürtel, auch ich besitze feuerfeste Handschuhe. Davon verlautet nichts im Vertrag. Einen Hammer kann ich dir nicht schaffen, aber meinen Stab sollst du zu Gürtel und Handschuhen nehmen. Das wird dir dienen.«

Der kluge Vorschlag leuchtete dem Donnerer ein, und er schloss die weise Frau lachend in die Arme.

In der Frühe des Tages zog er mit Loki weiter und kam an den Grenzfluss von Geirröds Reich. Auf Grids Stab gestützt, stieg er unbekümmert in die tiefen Wasser, und Loki klammerte sich fest an seinen Gürtel. Aber als sie die Mitte des Stromes erreicht hatten, stürzte plötzlich eine wilde Wogenflut über sie her und suchte sie zu ersäufen. Der Donnerer blickte nach oben. Und er gewahrte, wie stromauf eine der Riesentöchter Geirröds breitbeinig über dem Fluss hockte und die Wasser anschwellen ließ. »Pfui, du Freche!« schrie der Donnerer, warf und traf sie mit einem Felsstück gegen die Schenkel, dass sie in die eigenen Wasser purzelte. Ein Vogelbeerbaum reckte dem Donnergott hilfreich vom Ufer seine Äste entgegen. Sie ergriff er und zog sich mit Loki ans Land. Von jener Stunde an ist der Vogelbeerbaum dem Donnergott heilig.

In Geirröds Gehöft angelangt, wurde dem starken Asen zuerst ein Gemach angewiesen und ein Stuhl zum Ausruhen. Kaum aber hatte er sich gesetzt, so hob sich der Stuhl schnell in die Höhe, und des Gottes Schädel wäre an der eisernen Decke des Gemachs zerquetscht worden, hätte der Donnerer nicht Grids Stab gehabt. Den hob er hoch und stemmte ihn gegen die Decke und drückte den Stuhl mit Gewalt auf den Boden zurück. Ein Knacken und Krachen erfolgte wie von zermalmenden Knochen. Todesgeheul. Und dann tiefe Stille.

Der Ase sprang vom Stuhl und forschte nach. Da hatten die beiden Riesentöchter Geirröds unter dem Stuhl gehockt und den Gast zu zerquetschen versucht. Nun aber lagen sie beide tot und mit gebrochenem Rückgrat.

Ein Bote stand unter der Tür und forderte den Donnergott zu einem Wettkampf mit Geirröd, dem ungezähmten Glutriesen, in die Halle. In einer mächtigen Esse lag ein weißglühendes Eisenstück. Das griff Geirröd mit einer Zange heraus und schleuderte es dem Donnerer gegen den Kopf. Der Ase aber haschte es mit den feuerfesten Handschuhen der Freundin Grid, wog es in der Hand und holte aus. Wohl flüchtete sich Geirröd hinter die dickste Steinsäule der Halle – dem Donnerer war, als führte er seinen Hammer, und mit solcher Wucht warf er den weißglühenden Eisenklotz, dass die zerschmetterte Säule mitsamt dem Eisenklotz dem Riesen in den Leib fuhr und seinen Leichnam gleich einen Klafter tief in der Erde begrub.

Ohne Weiteres kehrte der Donnerer zu der Erdriesin Grid zurück, und der befreite Loki trabte hinter ihm drein. Und als Thor der Asenfreundin Stab, Gürtel und Handschuhe zurückerstattet und ihr eine Nacht lang zärtlich wie ein Bär die Backen gestreichelt hatte, fuhr er mit Loki gen Asgard, und Loki vergaß ihm den Dank zu sagen.

Was kümmerte das Asathor! Er holte sich nur seinen Hammer Mjolnir und fuhr wieder hinaus zu neuen Kämpfen, um Göttern und Menschen Luft zu schaffen vor dem drohenden Schicksal.

Wodans Wunschmädchen

MEHR ALS ALLE DIE ANDEREN GÖTTER kämpfte Wodan um das Schicksal Asgards und seiner Bewohner. Nicht allein mit dem todbringenden Speer *Gungnir*, den er über die Heereswogen schleuderte, um seinen Anhängern auf Erden den Sieg zu verleihen oder sich die Besten und Tapfersten für Walhall zu erkiesen. Seine Gedanken holten weiter aus, suchten die Wurzel der Dinge auf und begannen die Fäden der Schicksalsgöttinnen zu dehnen und zu längen. Der König der Götter nahm sein Amt als Pflicht, Verantwortung und Fürsorge.

Wodan wusste von keiner Erholung. Er wusste nur, dass an einem Schicksalstag das Ende hereinbrechen würde und der Götter letzter Kampf. Und gerade weil er es wusste, wurde ihm königlich zumut. Die letzte Schlacht sollte ihn und die Götter gewappnet finden. Waren sie dem Untergang geweiht, so sollte bis zum letzten Atemzug gekämpft, mit den letzten furchtbaren Schwerthieben noch die Welt von den Unholden der Dunkelmächte gereinigt werden. Das waren Wodans königliche Heldengedanken.

Alles Wissen musste er besitzen von Vergangenheit, Gegenwart und Zukunft. Keine Mühe war ihm zu groß, es zu erwerben, um danach die Fäden seiner Gedanken spinnen zu können. Am Fuß der Welt-Esche saß er bei den Nornen, den Schicksalsmädchen Urd, Werdandi und Skuld, und forschte, was sie über Leben und Sterben seiner Menschen beschlossen hatten. Am Brunnen Mimirs raunte er mit dem Haupt des Urzeitweisen, um aller Geschehnisse Ursprung zu erkunden und ihre verwundbaren Stellen. Ja selbst die Toten rief er ins Leben zurück, damit sie ihm das Zukünftige, das sie früher erschaut hatten als die Lebenden, aussagten, und oft lagerte er sich auf den Richtplätzen, unter den Galgen der Gehenkten, und beschwor sie so zauberkräftig, dass die armen Seelen ihm anhingen und in allen Dingen zu willen waren. Wenn dann die Herbststürme erbrausten, setzte er sich an ihre Spitze und raste mit ihnen in wilden Jagdzügen durch die Luft, um sie bei kriegerischer Laune und Wildheit zu erhalten. Für die Stunde des Kampfes.

Zum Wanderer war Wodan geworden, und er ging zu den Lebenden und prüfte sie auf ihr Heldentum und merkte sich die Unerschrockenen und Schwertkundigen. Den herabfallenden Hut tief in die Stirn gedrückt, den verwitterten blauen Mantel um sich geschlagen, wanderte der Einäugige durch die Welt und sah mit tausend Augen. Über Meere und Ströme fuhr er mit dem Wunderboot Skidbladnir, einst dem Freyer geschenkt von den Zwergen, das ohne Wind und gegen jeden Wind fuhr und sich zusammenfalten und in der Manteltasche bergen ließ. Zu allen Stämmen kam er, die den Göttern in Asgard opferten, und er nannte sie, die kriegerischen Blutes und heldischen Mutes den Ger schwangen, den Jagd- und Schlachtenspeer, die Ger-Mannen, die Germanen. Oft blieb er in ihren Gehöften zur Nacht, veredelte ihr Blut und ihren Sinn und zeugte neue Heldengeschlechter, würdig, einzureiten in Walhall. Für den letzten Kampf.

›Kampf‹ hieß die letzte Schicksalslosung der Götter und der Menschen. Wenn am letzten Tag aller Dinge Surt losbrach, der König der Feuergeister in Muspelheim, wenn die Riesen aus Jotunheim anstürmten mit den Trollen aus Utgard, wenn der wütende Fenriswolf seine Bande zerriss, die giftgeifernde Midgardschlange sich heranwälzte und die dunkle Hel mit aufgerissenem Schlund Leichen schlang, hieß die Losung: Kampf dem Verhängnis! Daher liebte Wodan schon heute die Kämpfe auf Erden und begünstigte sie als Vorbereitung für den letzten schwersten Kampf.

* * * * *

Die Heerkönige der Germanen wünschte er in Walhall und ihre Heldenscharen, ungezählte Tapfere, Tausende und Hunderttausende. Zuvor sollten sie Bankgenossen sein beim Met, einst aber seine Schwertgenossen. Alle die Ger-Mannen, die auf Erden rühmlichen Waffentod erlitten hatten.

Hoch und herrlich war Walhall gebaut, seine Wände aus Speeren, seine Dächer aus Schilden, und statt der weichlichen Polsterung schmückten die Bänke im Saal schimmernde Brünnen[75]. Wodans Zeichen, Wolf und Adler, hingen über dem Eingang. Doch hatte der Saal noch fünfhundertundvierzig Türen, eine jede für den Auszug von achthundert gewappneten Streitern berechnet. Und am Abend blitzte das Licht spiegelblanker Schwerter durch die Halle, als wäre sie von Fackeln erleuchtet.

Hierher kamen die Tapferen, die auf Erden ihren Kampfwunden erlegen waren, hierher und in den Saal Wingolf, die Halle der Göttinnen.

---

[75] *Brünnen (altd.):* schimmernde Rüstung, gepanzerte Schutzkleidung

Und sie wurden von den Göttern, die sie mit offenen Armen empfingen, die ›*Einherier*[76] genannt, die ›göttlichen Streiter‹.

Allvater selber wählte sie aus, die auf der Walstatt fielen. Walvater hieß er darum, und Walsöhne, Wunschsöhne, die er nach Walhall berief. Oft rief er sie selber, wenn er auf seinem Hengst Sleipnir, den goldblitzenden Flügelhelm auf dem Haupt und den Todesspeer Gungnir in der Faust, über die ringenden Heere brauste. Kein herrlicheres Männerlos, als Wodans Ruf nach Walhall teilhaftig zu werden! Oft auch, wenn andere und dringendere Verrichtungen ihn hinderten, sandte Wodan seine Saaltöchter aus, seine Schildmädchen und Wunschmädchen, die *Walküren*[77], Sieg und Tod zu verleihen und die Auserwählten nach Walhall zu rufen.

Auf stürmenden Wolkenrossen jagen sie dahin, den jungfräulichen Leib von schimmernder Brünne umpanzert, den leuchtenden Helm in das goldrot flatternde Haar gedrückt, den Schild am Armgelenk, den flammenden Speer wurfgerecht in der Faust. Überirdisch schön und die Sehnsucht der Helden, die nach ihnen verlangen, das Wunschziel der irdischen Frauen, die in Helm und Harnisch den Männern folgen in die Schlacht oder auf wilde Wikings-Fahrt.

In der heiligen Dreizahl stürmen die Walküren dahin, zu dritt oder zu zweimal Drei, dreimal Drei oder zu Zwölf. Sie entscheiden die Schlachten, ihr Speer bringt den Tod, aber neue Wonnen bringt er mit dem Tod – den Ruf nach Walhall. Wunschlos und nach des Schicksals Vorschrift müssen die Walküren entscheiden. Jungfräulich müssen sie sein und dürfen niemanden angehören als den Helden in Walhall, den Einheriern. Wer sich von den Schildmädchen gegen Wodans Gebot vergeht, wird in Schlaf versenkt oder verbannt. –

Mehr als bisher sah man in diesen Zeiten, da Wodan als Wanderer die Welt durchzog und bei Königen und Kriegern nach Helden forschte, die Walküren reiten. Denn mehr als bisher herrschte auf Erden der Krieg, verlangten die Männer, die die höchsten Mannesehren ersehnten, nach Walhall, horchten sie auf den Schrei der Walküren, auf den sausenden

---

[76] *Einherier:* Die göttlichen Streiter, die als gefallene Krieger nach tapferem Kampf von den Walküren zu Odin nach Walhall gebracht wurden.

[77] *Walküren:* Töchter von Odin und seiner Gemahlin Frigg. Anführerin war Brynhild. Sie halfen mit aller Macht ihren Freunden und taten alles, um die Feinde zu schwächen. Auch Schild- oder Schlachtjungfern genannt.

Speer, der sie entbot. Dann machten sich die Geister der Gefallenen auf den Weg, durchwateten einen reißenden Strom und pochten an die heilige Totenpforte *Walgrind*, die Eingangspforte zu Walhall. Von Walküren geleitet, traten sie in den Saal, vom jubelnden Zuruf der versammelten Einherier umbraust, von den Göttern gerühmt und bewillkommnet. Selig saßen sie nieder auf den Bänken und nahmen aus den Händen der Schildmädchen den schäumenden Humpen Met, der aus dem Euter der Ziege *Heidrun*[78] auf Walhalls gewölbtem Dache floss, ohne je zu versiegen, oder den saftigen Braten vom Eber *Sanhrimnir*, der sich täglich erneuerte. War Wodan in Asgard, so thronte er unter ihnen, doch aß er nicht und gab das Fleisch seinen Jagdwölfen. Nur dem Wein sprach er zu, der göttlichsten aller Gaben.

Frühmorgens ritten die Einherier hinaus auf die Wiesen zum Kampfspiel. Da pfiffen die Klingen, da sausten die Speere, da wurde mancher Schild zerbeult und aus manchem Helm Funken geschlagen. Purpurne Wunden gab es und Heldentod, aber wenn der Abend nahte und das Göttermahl, sprangen Tote und Verwundete heil und gesund wieder auf die Füße, schüttelten sich strahlend die Hände und saßen Schulter an Schulter auf der Zecherbank. Die Wunschmädchen reichten ihnen den Trunk, lehnten sich an sie und horchten ihren brausenden Gesängen. Dann sang auch Bragi, der Dichtergott, und er sang den Ruhm der Einherier, dass aller Augen leuchteten und der Wunschmädchen Hände ihre Häupter liebkosten.

Eine Seligkeit war es, in Walhall zu hausen, und die Sehnsucht aller Männer. Wodan aber sorgte wohl, dass sein Heerbann wuchs. Wodan, der Walvater und Allvater. Er sorgte für den letzten Kampf.

Immer kriegerischer wurde der Sinn der Völker. Auf weiten Wiking-Fahrten fuhren sie über die See, sie kämpften an Land, wo ein Schlachtfeld sich bot. Schutzgeister schuf Wodan seinen Lieblingen, die ihnen vor sehenden Augen erschienen, ihnen rieten und sie schirmten. Das waren die *Fylgien*[79], die Seelenfrauen. Aber auch Wolfsgestalt und Bärengestalt

---

[78] *Heidrun*: Eine auf dem Dach von Walhall lebende Ziege, aus deren Euter köstlicher Met floss, ohne je zu versiegen. Gereicht durch die dortigen Schildmädchen.

[79] *Fylgien*: Seelenfrauen, die von Odin denjenigen vor Augen geführt wurden, die im Kampf beraten und beschirmt werden sollten.

verlieh er oft den Kämpfern, dass sie wie wild und besessen in die Feinde stürmten und alles niederrissen. *Werwölfe*[80] nannte man die Wolfshäutigen und *Berserker*[81] die Bärenhäutigen, die aus- und einfuhren in Tier- und Menschengestalt und dem Schlachtengott Scharen von Einheriern zuführten. Wie Wodan sie liebte! – – –

Wieder und wieder mussten die Walküren reiten, wenn Wodan von den Nornen oder von Mimirs Brunnen kam. Oft auch eilten sie frei und ohne Geheiß hinaus, lagerten die Nacht vor der Schlacht in einer Hütte auf der Walstatt und woben aus Schwertern und Speeren heimlich das Schicksalsgewebe für Heerkönige und Krieger. Dann rauschte ihr dunkles Lied wie suchender Sturm durch die Nacht:

»Mit Schwertern schlagen wir dies Siegesgewebe. Wir kamen zu weben mit gezogenen Schwertern. Schaft wird zerkrachen, Schild wird zerbersten, die Axt in die Rüstung dringen. Winden wir, winden wir das Gewebe des Speeres! Folgen wir dem König, dem siegreichen Helden! Blutige Schilde wird man sehen. Winden wir, winden wir das Gewebe des Speeres. Voran wollen wir gehen und in die Schlachtreihe schreiten, wo unsere Freunde die Waffen kreuzen. Winden wir, winden wir das Gewebe des Speeres, wo die Fahnen kämpfender Männer wehen! Nicht lassen wir zu, dass ihr Leben vergehe. Die Walküren haben des Kampfes Kür. Die Freunde sollen siegen und die Feinde unterliegen. Das Gewebe ist gewoben, das Feld gerötet. Schrecklich zu sehen, ziehen blutige Wolken am Himmel. So singen dem König wir Siegeslieder und reiten auf schnaubenden Hengsten, die Schwerter gezogen, fort von hier.«

Wie Blitz und Wetterleuchten über der tobenden Männerschlacht, so jagten sie auf ihren Wolkenrossen, Flammen auf den Spitzen ihrer Speere, über die Reihen der Kämpfer hin, hemmten den Anlauf der Feinde, verwirrten seine Linien, fesselten die Gefangenen, befreiten die Freunde und warfen den, dem sie das Schicksal gewoben, durchbohrt vom Ross.

* * * * *

---

[80] *Werwölfe*: Die Fähigkeit, sich in Werwölfe zu verwandeln, in die ›Wolfshäutigen‹, verlieh Odin tapferen Kämpfern

[81] *Berserker*: Den tapfersten Kämpfern verlieh Odin die Gestalt von Berserkern, die Bärenhäutigen genannt.

›Sie richtete die Lanze hoch auf und jagte an ihm vorbei.‹

Krieg war entbrannt zwischen den Königen *Hialmgunnar*[82] und *Agnar*[83]. Der alte König Hialmgunnar, ein fester Degen, bat Wodan um Gunst und Sieg und versprach ihm ein blutig Schlachtfeld. Da lachte Wodan das Herz im Leibe, und er sagte ihm Sieg und Leben zu. Seine Wunschmädchen rief er herbei und hieß sie reiten für König Hialmgunnar, den Alten, und befahl *Brynhild*, der Walküren Führerin, den Agnar zu fällen und sein Heer in die Flucht zu jagen.

Jubelnd stürmten die kampffrohen Walküren von dannen und suchten die Walstatt auf. Hart rang der jugendblonde Agnar gegen den wütigen Greis. Schlachtrufe schreiend, warfen sich die Walküren auf des jungen Königs Heer und jagten es in Verwirrung. Nun hatte Brynhild ihr Opfer erreicht. Einsam kämpfte der Jüngling mit dem Mut der Verzweiflung, von den Menschen verlassen, von den Göttern aufgegeben und von nicht einer der Schildjungfrauen beschirmt. Schon hob Brynhild den todbringenden Speer. Da gewahrte der junge König sie mit hellseherischem Blick, mit dem man den nahenden Tod erschaut, und des Jünglings Augen brannten mit der heißen Liebe am Leben in den staunenden Augen der Jungfrau Wodans. Ein Ruck ging durch den Mädchenkörper der Reiterin. Sie richtete die Lanze hoch auf und jagte an ihm vorbei.

»Was tust du?« wirbelte es ihr durch das Hirn. »Du handelst wider Wodans Gebot!«

* * * * *

Sie riss den Hengst herum und fällte den Speer zum zweiten Mal. Aber Agnar blickte sie an in heller Bewunderung und dachte nicht mehr an sein bedrohtes Leben. Da jagte sie zum zweiten Male an ihm vorüber und vergaß Wodans Gebot über den begeisterten Jünglingsaugen.

---

[82] *Hialmgunnar* war ein alter König, der mit dem jungen König Agnar im Krieg stand. Die Walküre Brynhild besiegte Hialmgunnar im Kampf, obwohl Odin dies Brynhild untersagt hatte. Zur Strafe verbannte Odin Brynhild zu den Sterblichen.

[83] *Agnar*: Der junge König Agnar befand sich im Krieg mit dem greisen König Hialmgunnar. Nachdem die Walküre Brynhild dreimal vergebens versucht hatte, Agnar mit ihrem Speer zu töten, entschied sie sich ob seiner Jugend anders und tötete stattdessen den alten König Hialmgunnar mit ihrem Speer.

Zum dritten und letzten Mal hetzte sie den Hengst zum Ansprung.

»Er ist so jung, so schön«, murmelten ihre Lippen, »und Hialmgunnar ist alt und greis und hat das Leben gelebt. O Agnar, wie ich dein junges Leben liebe.« –

Und plötzlich tat sie einen Schrei, der wild über die Walstatt gellte, stürmte zwischen die kämpfenden Könige und stieß dem alten König Hialmgunnar den Todesspeer mitten durch die Halsbrünne.

Die Königsleiche lag auf dem Feld. Als Sieger jagte Agnar die Feinde von dannen. –

Staunend fuhr Wodan von seinem Hochsitz. Mit einem Blick sah er, was geschehen war. Er rief nach seinem Ross Sleipnir und jagte wie der Sturm zur Erde nieder. Dort fand er Brynhild traurig an den Speer gelehnt.

»Leg dein Walküren-Kleid ab, unbotmäßig Mädchen«, rief er ihr zornig zu und sprang vom Ross. »Was will dein töricht Mädchenherz dreinreden, wenn es sich um Allvaters unerforschliche Wege handelt? Walküre bist du gewesen für Zeit und Ewigkeit. Den Rausch des Schlachtenglücks, die seligen Wonnen Walhalls nehme ich von dir und gebe dir dafür, was du gewollt: das bisschen Menschenglück und das bisschen Liebeswonne. Vermählen soll sich dein jungfräulicher Leib einem irdischen Mann! Ich stoße dich aus!«

»Allvater!« bat Brynhild mit zuckenden Lippen.

»Du warst mein Lieblingsmädchen unter allen meinen Wunschtöchtern«, sprach Wodan leise. »Dennoch – ich kann dich nicht schirmen gegen mein eigenes Wort. Beuge dich zu mir. Ich will in barmherzigen Schlaf dich senken.«

»Allvater«, flehte Brynhild, »lass keinen anderen mich als Gemahl berühren denn ein furchtloser Held.«

Stumm nickte ihr Wodan Gewähr. Und sie beugte sich zu ihm, und er stach sie mit seinem Schlafdorn in die Schläfe, dass sie schlummernd zu seinen Füßen hinsank. Wodan aber gedachte seines Versprechens vom furchtlosen Helden und zog eine wabernde Lohe rings um den Platz, auf dem Brynhild schlummernd lag. Nur ein Held, der das Fürchten nicht kannte und das Sterben verlachte, würde die Flamme durchreiten. Und sinnend und forschend ritt Wodan heim nach Walhall. –

Wieder flogen Walküren aus, und sie kamen an eine Bucht und legten ihre Schwanengewänder ab, um zu baden. Im Laub versteckt aber saß

Wölund, der kunstreiche Schmied, den sie auch *Wieland*[84] nannten, mit seinen Brüdern, und sie nahmen den Jungfrauen heimlich die Gewänder weg und zwangen sie so in ihren Dienst. Neun Jahre lehrten die Himmelsmädchen die Brüder alle Geheimnisse, bis sie die verborgenen Gewänder wiederfanden und sich im Schwanenkleid auf und gen Asgard schwangen. Wieland aber wurde tiefsinnig aus Liebe nach dem entschwundenen Himmelsglück, und die Gemeinschaft der Menschen war ihm unerträglich. Als sein Feind, der König *Nidung*, ihn durch List gefangengenommen und ihm die Sehnen an den Füßen durchschnitten hatte, damit er nicht entfliehen könne und ihm Schwerter und Kostbarkeiten schmieden müsse, soviel er begehre, fertigte Wieland nach dem Schwanengewand seiner entschwundenen Liebe, dessen Geheimnisse er wieder und wieder durchforscht hatte, in jahrelanger Arbeit ein Flügelkleid für sich selbst, spannte es um seinen zermarterten Körper und flog mit glühendem Geist gen Himmel. So gewaltig wirkte der Walküre Zauber auf den nach dem Höchsten strebenden Mann. –

Wieder aber flogen Walküren aus und trafen auf einen jungen Königssohn, den die Stiefmutter Knechtsdienste verrichten und bei Nacht die Herden hüten ließ, damit er blöde würde und dem Thron ungefährlich. *Svanhvit* war die Führerin, und als sie mit ihren Gefährtinnen auf das Feld kam, sahen sie in der Ferne Unholde und Gespenster gegen den einsamen Knaben reiten. Der aber weidete ruhig seine Herden. »Verberge dich«, rief sie ihm zu, »die Nachtmare kommen über dich!«

Der Königsknabe hob lächelnd die Augen zu der eifrigen Warnerin.

»Soll ich mich etwa fürchten, wunderbare Jungfrau?«

»Ich bin's, die für dich fürchtet, du Lieber«, rief die Walküre, gerührt von so viel Knabenreinheit, »und ich leihe dir mein eigenes Schwert,

---

[84] *Wieland*: Ein Schmied, der zusammen mit seinen Brüdern den Walküren beim Baden die Kleider versteckte und zur Einlösung alle Liebes- und Lebenskünste von den Walküren empfing. Die Walküren fanden ihre Schwanenkleider jedoch nach neun Jahren selbst und entflohen dem Schmied. Wieland war danach in König Nidungs Gefangenschaft geraten, der ihm die Fußsehnen zur Vermeidung der Flucht durchtrennte. Wieland fertigte sich aufgrund der gewonnenen Kenntnisse bei den Walküren selbst ein Flügelkleid und entfloh gen Asgard.

damit du um dich schlagen kannst. Ich aber will dir zusehen und mich an dir freuen.«

Strahlend nahm der Schäfer das Schwert und wog es in den Händen. Die Blödigkeit des Hirten schwand aus seinen Mienen, das Königsblut schoss ihm ins Gesicht. Mitten auf dem Weg, den die Unholde kamen, stand er und schwang lachend das Schwert und schlug um sich die ganze Nacht, bis beim Morgengrauen das letzte Nachtgespenst zur Strecke gebracht war. Und er zog weiter und warf sich zum rechtmäßigen König auf, und Svanhvit stand ihm zur Seite und weckte alle seine Heldenkräfte, bis er den Thron gewann. Da legte die in Liebe entbrannte Walküre freiwillig das Flügelkleid ab und blieb bei ihm als seine Königin.

Wodan saß auf seinem Hochsitz, und seine Raben hatten ihm alles zugetragen. Er nickte nur vor sich hin. –

Und wieder flogen Walküren aus, stürmten auf schnaubenden Hengsten zur Erde hinab, in den Männerkampf, brausten im Schwanengefieder zu Häupten ihrer Helden. Schwerter sangen und Gere klangen allüberall. Denn *Helgi*[85], der Haddingenheld, focht in vielen Schlachten wider König *Hromund*.

Kara, die hellschimmernde Wunsch-Maid, führte die Schwestern. Aber als sie den Haddingenheld zum ersten Mal fechten gesehen hatte in seiner Kühnheit und Wildheit, verlor sie ihr Herz an den stürmischen Mann und schenkte sich ihm als Geliebte.

Anderen Tages tobte die Entscheidungsschlacht.

* * * * *

Glückseligen Gesichtes schwang Helgi, der Haddingenheld, sein Schwert, und wo es in die Brünnen biss, da biss der Tod. Heißen Herzens schlug Helgi in den Feind, denn er dachte an Kara, die ihn umhalsen würde nach des Tages Blutarbeit. Wie sie ihn in der Nacht umhalst hatte.

Über seinem Haupte vernahm er ein Rauschen und ein wunderbares Singen und Klingen. Über seinem Haupt flog die Walküre Kara und hielt

---

[85] *Helgi*: Sohn des Königs Sigmund und der Borghild von Bralund. Helgi zog mit seinem Stiefbruder Sinfiötli gegen König Hunding, den Erbfeind der Wolsungen, und tötete ihn und seine vielen Hundingssöhne. Deshalb Hundingstöter genannt. Helgi war zusammen mit der schönen Schild-Maid und Walküre Sigrun.

vor Helgi den Schild, dass kein Schwert ihn schneiden, kein Speer ihn ritzen, keine Axt ihn zerspalten konnte. Und aus Karas Mund drang ein Lied, ein wildes, seliges Zauberlied, dass den Feinden die Arme sanken, und sie wie in Fesseln lauschen mussten. Über das feindliche Heer hin brausten die Zauberweisen, und hinter ihnen drein stürmte Helgi, der glückselige Mann, und schwang das Schwert und mähte die Gebannten nieder.

Wodan saß auf seinem Hochsitz und lächelte. Jetzt streckte er die Hand. Da hob Helgi das Schwert, um einem riesenhaften Feind das Haupt vor die Füße zu werfen, und schwang das Schwert zu hoch. Ein Schwanenschrei gellte durch die Luft. Das Zauberlied war verstummt.

Vor Helgis Füße sank im zerfetzten Fluggewand die Walküre. Im Jauchzen des Kampfes hatte der Held der Schild-Maid nicht acht gehabt und die Geliebte ins Herz getroffen.

Tot war sein Liebesglück, zu Ende sein Schlachtenglück.

Noch immer lächelte Wodan sein seltsames Lächeln. Dann erhob er sich, hieß den Helden nach Walhall entbieten und Kara seine Wegweiserin sein.

Im Goldhelm und blauen Königsmantel empfing er den gewaltigen Recken.

»Auf dass du auch in Walhall ein so fröhlicher Kämpe seist, wie auf der Walstatt auf Erden, geb ich dir die Hellschimmernde zur Schenkin«, sprach er und wies ihm seinen Platz unter den besten der Einherier.

Da lachte Helgi, der Haddingenheld, dass es durch alle Hausungen der Götter schallte, und führte sein Mädchen stolz an die Tafel der Zecher, die dem Paar donnernden Heilgruß entboten.

Wodan aber hatte eines Helden Seele an sich geschmiedet für alle Ewigkeit.

Unter den Einheriern

MÄNNER, MÄNNER! war Wodans einziger Gedanke geworden. Männer im Himmel und auf Erden. Männer der Tat, die wiederum Heldengeschlechter zeugten, Helden, die durch Tat und Todesverachtung auf Erden schon heranrückten an die Götter und im Himmel Wodans Söhne wurden. Was sonst brauchte die Welt, als Männer, wenn die Schicksalsstunde nahte, Männer, die Mannesehre über alles stellten, bereit allzeit, ihr Leben in die Schanze zu schlagen, um noch sterbend den feindlichen Mächten Abbruch zu tun und den Ruhm zu retten.

Manche seiner Wunschmädchen gebaren den Irdischen Helden; er selber zeugte auf seinen Wanderungen manches Heldengeschlecht und war anderen ein väterlicher Freund. Ein Freund jedoch, der sich unerbittlich selbst bezahlt machte und seine Schützlinge zu der Stunde, die ihm die rechte schien, auf der Höhe ihrer Kraft oder nach einem schlachtenreichen Leben, das Tausende nach Walhall gesandt hatte, einholte zu den Einheriern. So unerbittlich wie das Schicksal, das die Götter bedrohte, so unerbittlich war Wodan in der Wahl der Mittel, dem unabwendbaren Schicksal den letzten Ruhm abzugewinnen und, wenn es ihn schon untergehen hieß, nur als Sieger über die Unheilsmächte unterzugehen. Im letzten großen Atemzug noch Schöpfer einer neuen, kommenden Welt.

Darum war vom Tod gezeichnet, wer Wodans Freund auf der Erde hieß. Aber auch vom Ruhm bekränzt und durch die Sänger aller Zeiten zur Unsterblichkeit erhoben.

Wer aber ein Mann sich fühlte in germanischen Landen, der zögerte keinen Herzschlag lang und wählte Wodan für sich und seine Geschlechter. Lieber als ein königlich Volk mit seinen Göttern untergehen, denn als namenloser Sklave fronen. Und es waren die Besten Germaniens, die sich als Einherier in Walhall auf Wodans Bänken sammelten und nach ihrem irdischen Tod noch ihre Namen ehrfurchtgebietender und strahlender hielten, als alle die lebenden Weichlinge und Feiglinge zusammen.

* * * * *

Da saßen auf bevorzugten Platzen Helden und Heerkönige. Da saß *Sigmund*[86] unter ihnen, der Rheinfranken König, der ein Sohn Wolsungs war und von Wodans Blut. Denn Wodan selbst hatte den Wolsungenstamm gezeugt in dem Wolsungen-Ahn Sigi, um den Tisch der Einherier zu schmücken durch die Erziehung von Helden, Geschlechterreihen hindurch.

Jung war noch Sigmund, als sein Vater Wolsung die Tochter *Signy* dem ungeliebten König Siggeir[87] von Gautland vermählte. In der Festhalle Wolsungs saßen die Männer beisammen, und die Franken und die Gauten erzählten von der Abkunft ihrer Geschlechter. Plötzlich verstummte jedes Getön. Ein hochgewachsener Alter, einäugig, in breitrandigem Hut und blauem Mantel, war unbemerkt von den Wachen in die Halle getreten und auf den Eichbaum zugeschritten, der mitten in der Halle wuchs und seinen Wipfel über das Dach breitete. Ein Schwert trug er unterm Arm, und er nahm es und stieß die Klinge bis ans Heft in den eisenharten Stamm.

»Kein besser Schwert als dies! Dem Besten nur gehör es an! Wer es herauszuziehen vermag, der führe es!«

Der Einäugige sprach es, blickte sich im Kreise um und ging aus der Halle, wie er gekommen war, unbemerkt.

»Wodan, der Wolsungen Stammvater, kam zum Hochzeitsfest«, raunten die Rheinfranken. Und es herrschte langes Schweigen und seltsames Grübeln im Saal. Dann aber traten die Männer an den Baum.

Wolsung packte den Schwertgriff und rüttelte daran. Umsonst. Seine stärksten Helden nach ihm. Vergeblich. Sein Schwiegersohn, der Gautenkönig Siggeir zog und riss in wilder Wut. Das Schwert rührte sich nicht.

---

[86] *Sigmund*: Sohn des Wolsung und Zwillingsbruder von Signy, die Siggeir heiratete und mit ihm in Flammen unterging. Sigmund vermählte sich mit der Königstochter Borghild von Bralund. Sie bekamen einen Sohn namens Helgi.

[87] *Siggeir*: König der Gauten (Goten) und Schwiegersohn des Wolsung, der auf Odin zurückführt. Siggeir tötete beim Festmahl seinen Schwiegervater und vertrieb dessen Söhne. Siggeir und seine Frau Signy kamen später in einem Feuer ums Leben.

Sigmund, der junge, trat heran. Mit leichtem Ruck riss er das Schwert aus dem Stamm und schwang das Aufblitzende durch die Halle.

Ruhm brachte ihm Wodans Schwert und ein schweres Heldenleben. Siggeir forderte den Stahl von dem jungen Schwager, der das Begehr lachend abwehrte. Da lud Siggeir den König Wolsung und seine ganze Sippe nach Gautland und erschlug sie alle trotz flehentlicher Bitten der Wolsungentochter Signy, seines Gemahls, bis auf Sigmund, dem er das Schwert ›Gram‹ – das ist ›Zorn‹ – entwendet hatte. Ihn ließ er im finstern Wald in eine Erdhöhle werfen, wo er ohne Heldenehre schmählich verkommen sollte. Signy aber liebte den strahlenden Bruder Sigmund so heiß, dass sie sich nächtens heimlich zu ihm schlich und ihn tränkte und pflegte und koste. Und sie schenkte ihm einen Knaben, der hieß *Sinfiötli*, und Sigmund und Sinfiötli lebten im Wald wie die Werwölfe, unbändig, furchtlos und riesenstark, bis Sigmund die Stunde für gekommen erachtete, nach Germanengebot Blutrache zu nehmen an dem Mörder seines Vaters Wolsung.

Der erste Anschlag missglückte. Siggeirs spielender Knabe entdeckte die wilden Männer hinter einer Met-Tonne, und der König ließ die Beiden einmauern wie wilde Tiere, beider Gelass durch einen Felsen voneinander getrennt. Noch einmal kam Signy, Sigmunds Schwester, bei der Nacht. Sie kam bis an die Grube ihres Sohnes Sinfiötli und ließ hastig einen Strohbund hinuntergleiten. Als der riesenstarke Knabe ihn öffnete, fand er darin Sigmunds Schwert ›Gram‹. Er packte es beim Knauf, setzte die Spitze gegen die trennende Felswand und drückte, dass ihm die Adern an den Schläfen zu platzen drohten. Da schnitt das Schwert durch den Felsen, und der Sohn drückte, bis der Vater es in seiner Grube an der Spitze zu fassen kriegte, und nun sägten Vater und Sohn mit des Schwertes Schärfe den Felsen durch, bis sie zueinander kriechen und Sigmund auf Sinfiötlis Schultern aus der Grube steigen konnte. Dann zog Sigmund den Sohn am Schwert hinaus.

Durch die Nacht schritten sie zur Halle König Siggeirs und legten Feuer an. An der Tür des flammenumlohten Hauses hielten sie mit dem Schwert Wacht, dass nichts Lebendiges heraus konnte. Nur Signy, die Königin, riefen sie. Aber die Königin wehrte der Rettung.

»Im Leben durfte ich Wolsungs Tochter sein und auf Blutrache für den Vater bedacht. Im Tode gehör ich an meines Mannes, des Königs, Seite, ob ich ihn liebe oder nicht.«

So entgegnete die königliche Frau und starb den Flammentod mit König Siggeir und seiner ganzen Sippe.

Heim segelte Sigmund an der Spitze eines Heeres und gewann mit Waffengewalt das Land der Wolsungen zurück. Mit der Königstochter *Borghild von Bralund* vermählte sich König Sigmund, und sie gebar ihm einen Sohn, *Helgi*, als Sigmund, wie immer, auf Heldenfahrten war. Und Wodan sandte seine Raben, dem Knaben der Wolsungen Kriegsglück zu weissagen. Fünfzehn Lenze zählte Helgi, als er mit seinem Stiefbruder Sinfiötli auszog gegen König Hunding, der Wolsungen Erbfeind und Länderräuber, und ihn mit eigener Hand in der Schlacht erlegte. *Helgi Hundingstöter* riefen ihn seitdem die Helden, und die Sänger sangen seinen Namen.

*   *   *   *   *

Die Hundingssöhne begehrten Buße von Helgi für den Vatermord. »Gewärtigt wilde Wetter, graue Gere und Wodans Gram!« ließ der junge Fürst ihnen vermelden und rückte mit einem Heer gegen die Stürmenden an. Unbekümmert um den Hagel der Gere und Pfeile rückte er vor. Über seinem Haupt war ein Rauschen wie von Schwanenflügeln. Neun Walküren schwebten schirmend über ihm, von der Schild-Maid *Sigrun*[88] geführt. Da schüttelte Helgi seine Locken und jauchzte Sigrun zu und brach wie ein Wolf in die Feinde, erschlug ihren Bannerträger und die meisten der Hundingssöhne.

Als Sieger schritt Helgi Hundingstöter über die Walstatt. Sein Arm lag um Sigrun, die Schild-Maid.

»Ich liebe dich«, sagte er, und sie antwortete ihm: »Auch ich liebe nur dich. Doch bin ich dem König Hödbrod angelobt, der mich jenseits der See erwartet. Hilf mir von ihm.«

---

[88] *Sigrun*: Walküre und Schildmaid, Beschützerin des Helgi. Sie zogen gegen König Hödbrod, dem Sigrun ehedem versprochen war. Sigrun holte Helgi später aus dem Reich Hel zurück und sie blieben ein Paar.

›Als Sieger schritt Helgi Hundingstöter über die Walstatt.‹

Da sammelte Helgi Hundingstöter sein Heer zum anderen Mal und stieß die Drachenschiffe ins Meer und fuhr aus um sein Liebesglück. Das sah des Seebeherrschers Ägir wildes Weib Ran, und sie sandte ihre Wogentöchter aus, die die Schiffe auf den Rücken nahmen und das Fürstenschiff hoch zu den Wolken werfen sollten, um es als Wrack hinabzuziehen. Schon hatte die leichengierige Ran[89] ihre Klauen in den Schiffsrand geschlagen, um die Helden zu schlingen, da war ein Rauschen

---

[89] *Ran*: Gemahlin des Riesen Ägir, dem sie neun Töchter gebar. Diese Töchter zogen die menschlichen Seefahrer durch listiges Liebesspiel auf den Meeresgrund, in den Todessaal ihrer Mutter Ran.

über den Masten wie von Schwanenflügeln, und Helgi Hundingstöter blickte empor und gewahrte die neun Walküren, von Sigrun stürmisch geführt. Und die Schild-Maid schlug der rasenden Ran das Schiff aus der Hand und brachte den Helden mit seinem ganzen Heer glücklich an Land. Eine furchtbare Schlacht entbrannte. Mit König Hödbrod und seinen Brüdern ritt und stritt auch König Högni, der Vater der Schild-Maid. Aber Helgi Hundingstöter, von Sinfiötli geleitet, durchbrach den Keil des feindlichen Heeres, erschlug König Hödbrod und seine Brüder, erschlug auch König Högni und schonte nur Högnis Sohn Dag. Sinfiötli aber würgte die anderen Häuptlinge, dass sie nimmer die Sonne sahen.

Auf der blutigen Walstatt traf Helgi Hundingstöter Sigrun. Ob ihr auch über den Tod ihres Vaters die Tränen aus den Augen stürzten, sie kränzte den Sieger und gab sich ihm, auf ihr Walkürenkleid für immer verzichtend, als Weib. Nie war ein glücklicheres Paar in nordischen Landen.

Dag aber, Sigruns Bruder, flehte Wodan an um Vaterrache. Und Wodan gedachte der Wolsungen und gedachte seiner Einherier. Da lieh er Dag seinen Todesspeer Gungnir, und Dag lauerte Helgi im Walde auf und rannte ihm den Todesspeer durch den Rücken.

Unstillbar war Sigruns Schmerz um den Heißgeliebten. Sie richtete ein Lager in der Grabkammer, breit genug für sich und ihren abgeschiedenen Helden, und saß am Hügel und weinte blutige Tränen. Um Mitternacht klirrte es von Waffen in der Luft. Aufgeweckt, sah sie Helgi Hundingstöter mit großem Geleit durch die Lüfte niederreiten und sah den Geliebten die Grabkammer betreten. Da warf sich Wodans einstige Schild-Maid dem Heimgekehrten ans Herz und küsste ihm Augen, Mund und Hände. Und Helgi sprach: »Deine Tränen haben mich aus Wodans seligem Saal zurückgerufen. Sie brennen mir wie Feuertropfen auf der Brust, dass ich mit den Helden Walhalls nicht fröhlich werden kann. Warum weinst du so sehr, da dein Geliebter der Ewigkeit Ruhm gewann?« Und Sigrun schmiegte sich an sein Herz und sprach: »Nun will ich nie mehr klagen und still bei dir liegen.«

Als fahl der erste Frühschein über den Himmel glitt, schied Helgi Hundingstöter für immer und jagte frohgemut mit seinen Begleitern gen Walhall zurück, von Wodan freudig empfangen. Sigrun aber legte sich zum Sterben und lag in der Kammer angeschmiegt an den irdischen Leib ihres toten Gemahls. –

Sinfiötli hatte inzwischen nicht gefeiert. Während Vater Sigmund zu Ehren Wodans auf Wikingsfahrten war, hatte auch er Kämpfe auf Kämpfe bestanden und, um Hand und Kronland einer Königin zu gewinnen, seiner Stiefmutter Borghild von Barlunds Bruder im Zweikampf erschlagen. Rache schwor ihm Sigmunds Weib, Buße an Leib und Leben. Doch Sigmund kehrte heim und wehrte ihr und erklärte sich bereit, selber Buße zu zahlen, auf dass Sinfiötli, den er brennend liebte, frei sei. Da musste sich die Königin zufrieden geben, aber beim Leichenmahl für den erstochenen Bruder reichte sie Sinfiötli im Trinkhorn vergifteten Met. Dreimal weigerte sich Sinfiötli zu trinken, und Sigmund, dem keinerlei Gift Schaden tat, trank ihm zu. Da trank auch Sinfiötli und stürzte tot zu Boden.

Aufheulte Sigmund vor Weh. Sein Weib verstieß er, und den Sohn, den Gefährten aus wilden Wolfstagen, nahm er in die Arme und irrte durch das Land, bis er zur Nachtzeit an einen breiten Strom kam. Dort fand er einen Fergen warten, einen einäugigen Alten in blauem Mantel und breitrandigem Hut. Der nahm die Heldenleiche in sein Schiff, aber dem klagenden Vater wehrte er den Zutritt und führte das Schiff schnell über den dunklen Strom.

Lange starrte Sigmund in die Dunkelheit. Er wusste, dass es Wodan war, der Wolsungen Ahn, der den Helden Sinfiötli der grausamen Hel entführte und ihn nach Walhall an die Tafel der Einherier brachte. Da wurde sein Gemüt fröhlich. Und so alt er war, er ritt aufs Neue und ritt in des Königs Eylimi Land, dessen Tochter *Hiördis* die schönste aller Frauen war, und warb um ihre Hand. Mit ihm aber warb auch der König Lyngi, ein Hundingssohn. Die schöne Hiördis wählte nicht lange, sie wählte den Ruhmgekrönten trotz seines Alters und wurde König Sigmunds Eheweib.

Wutbebend sammelte Lyngi, der Hundingssohn, ein Heer und überfiel Sigmund in seinen Landen. Der ließ schleunigst Weib und kostbarste Habe in den Wald schaffen und drang an der Spitze seiner Mannen der Übermacht entgegen. Silberweiß flog ihm das Haar im Wind. Aber sein Arm schwang das Wodansschwert Gram, und wo der König Sigmund den Seinen voranschritt, da bahnte er eine blutige Gasse, und immer weiter watete der Wolsung, alles niederschmetternd, durch das Blut. Schon war der Sieg sein, da trat ihm ein alter Kämpe entgegen, einäugig, in breitrandigem Hut und blauem Mantel. Der fällte den Speer gegen ihn, und König Sigmunds Schwert zersprang an dem Speer in Stücke. Mit allen seinen Helden wurde Sigmund im Kampf erschlagen. Wodan selbst hatte ihn nach Walhall entboten.

Ein Kind Sigmunds trug Hiördis unter dem Herzen. Als es zur Welt kam, war es ein goldblonder Knabe von schlankem Wuchs, und sie nannte ihn *Sigurd*[90]. Noch war Sigurd ein Knabe, als er ein Ross verlangte, das er sich unter den Hengsten aus der Weide wählen durfte. Ein alter Mann kam über die Weide, einäugig, in blauem Mantel und breitrandigem Hut. Der trieb die Rosse in den vorüberrauschenden Strom, aber nur ein junger Grauhengst schwamm quer hindurch, die anderen schwammen das Ufer entlang. »Den nimm«, riet der Einäugige. »Er stammt von Sleipnir, dem Hengste Wodans.« Da nahm ihn Sigurd und nannte ihn nach seiner grauen Farbe Grani. Auch ein Schwert forderte er, und als sein kräftiger Arm jede Klinge am Amboss zerschlug, gab ihm die Mutter die Stücke des Wodanschwertes Gram, das Erbe seines Vaters Sigmund, und ein kunstreicher Zwerg schmiedete ihm daraus aufs Neue eine unbesiegbare Waffe. Dann rüstete Sigurd Drachenschiffe und fuhr mit einer Schar auserwählter Männer ins Reich der Hundingssöhne, als echter Wolsung zuerst Blutrache zu nehmen für den erschlagenen Vater Sigmund.

Stürmisch war die See und gefahrvoll die Fahrt. Aber da war der alte Einäugige wieder, der sprang in Sigurds Schiff und steuerte es sicher durch den Wogenbraus und lehrte den feurigen Jüngling auf dem Weg tiefe Geheimnisse der Kriegskunst. Kaum, dass Sigurd erwarten konnte, an Land zu gelangen.

König Lyngi, der Hunding, zog dem Wolsung entgegen. Eine mörderische Schlacht hob an, bis Sigurd, alles niedermähend, zum Banner König Lyngis drang und im furchtbaren Zweikampf mit seinem Schwert Gram den Hunding vom Wirbel bis zum Sitz in zwei Teile spaltete.

Allein zog er weiter auf Abenteuer und erlegte auf ragendem Rheinfelsen den Drachen Fafnir, den Hüter der Schätze, die einst die drei wandernden Götter Wodan, Hönir und Loki einem Riesen als Buße für den irrig erschlagenen Sohn geleistet hatten, und er aß das Drachenherz und trank das Drachenblut und verstand mit einem Male die Stimme der

---

[90] *Sigurd Ring* war der Neffe von Harald Hildetand und war von ihm zum Schwedenkönig eingesetzt worden. Odin säte Krieg zwischen den beiden. Sigurd ließ Ubbi, den besten Kämpfer Hildetands, durch Bogenschützen töten.

Vögel, die von der allerschönsten Maid sangen, von Brynhild, der Wunsch-Maid in der wabernden Lohe. Wie lachte da Sigurds Jünglings-herz.

Auf seinem Hengst Grani, das gute Schwert Gram an der Seite, ritt er durchs Land, bis er den Feuerschein gewahrte, und sprengte furchtlos durch die Flammen, die über seinem Haupt zusammenschlugen, und gelangte zu der schönen Schlafenden, die er erschauernd auf den Mund küsste. »Sigurd bin ich, der Wolsung! Wach auf, Brynhild, und werde mein Weib!«

Mit staunenden Augen richtete sich Brynhild empor.

»Ein Furchtloser ist gekommen, ein Furchtloser! Allvater sei Dank für meine Erlösung!«

Und sie legte dem liebeglühenden Jüngling beide Arme um den Hals und erzählte ihm von ihrer Herkunft und ihrem langen Harren, und sie tauschten heiße Schwüre und verlobten sich einander.

Noch einmal wollte er vor der Hochzeit in die Welt, Heldenruhm heimzubringen, und er kam auf seiner Fahrt zu König Gibich, der drei Söhne besaß und eine Tochter. Die Königin aber wünschte sich den herrlichen Helden zum Eidam[91], denn seine Kraft erschien ihr gefährlich für das Reich und sein reiches Goldgut angenehm für des Hauses Schatz. Einen Vergessenheitstrunk gab sie Sigurd zu trinken, also, dass er Bryn-hild vergaß und die Gibichen-Tochter zum Weibe nahm. Als dann der alte König Gibich gestorben war, wünschte der junge König die schöne und reiche Brynhild zu freien, und Sigurd, der nichts mehr wusste von seinem einst beschworenen Verlöbnis, ließ sich bereden und tauschte mit dem König die Gestalt und gewann ihm Brynhild. Das tat er zu seinem Verderben.

Die stolze Wunschtochter Wodans, das Weib des Gibichensohns, kam hinter den Betrug. Denn ihr Gatte war lässig, und Sigurd erfüllte die Lan-de mit seinen Heldentaten. Ein Streit brach aus zwischen der Stolzen und Sigurds Weib, und Brynhild, die verhöhnte, beschloss Sigurds Tod. Da ging sie hin und warb einen Getreuen. Und der Getreue fragte nicht viel und nahm einen Speer und stieß ihn Sigurd, der Brynhild vergessen hatte, in den Rücken.

---

[91] *Eidam (altd.):* Schwiegersohn

Die stolze Schild-Maid aber hatte Sigurd nicht vergessen. Als der Holzstoß lohte, der des Helden Leiche trug, warf sie sich zu Sigurd in die Flammen, barg sein Haupt an ihrer Brust und starb, ihren furchtlosen Erwecker in den Armen. –

Hochgefeiert saßen die Wolsungen, die Helden vom Rhein, saßen Wolsung und König Sigmund, saßen Helgi, der Hundingstöter, Sinfiötli und Sigurd Drachentöter unter den Einheriern an der Tafel Wodans, den die Nordmänner Odin nannten.

* * * * *

Da saß der Dänenkönig *Harald Hildetand*[92], das ist ›Eberzahn‹. Blutjung war er mit seinen Drachenschiffen ausgefahren, um sich in Dänemark, seines Vaters Landen, die Krone aufs Haupt setzen zu lassen, als ein wütender Seesturm ihn überfiel und seine Krieger verzagten. Harald Hildetand verlor den Mut nicht einen Pulsschlag lang. Laut rief er Wodan an und weihte sich ihm und sein ganzes Heer, wenn Walvater einst sein irdisch Werk für abgeschlossen erachte. Und als er aufblickte – siehe da stand ein einäugiger Alter in Wetterhut und Wettermantel am Steuer, und das Schiff flog wie ein Falke über das Meer und in den dänischen Hafen.

Gekrönt war Harald, der Eberzahn, von den glücklichen Dänen. Hildetand, Eberzahn, nannten sie ihn, weil ihm zwei schimmernde Schneidezähne wie Eberzähne wuchsen. Aber die Schweden, die das Land widerrechtlich in ihrem Besitz gehalten hatten, wollten es nicht leichten Kaufes aufgeben, sondern zogen ein so übermächtiges Heer zusammen, dass der Dänenschar graute. Wieder rief der junge König Wodan an und weihte ihm sein Leben aufs Neue. Und aus der Reihe der Krieger trat der Einäugige im blauen Mantel und trat heimlich belehrend zu Harald Hildetand und stellte das Kriegsvolk keilförmig auf in Gestalt eines Eberrüssels. Den Schild warf der junge Held hinweg, packte in jede Hand ein Schwert, sprang an die Spitze des Keiles und ließ die Hörner blasen. Und der Keil drang in das Schwedenheer und dehnte sich und sprengte es in Fetzen auseinander. Und vorn an der Spitze schritt Harald

---

[92] Der Dänenkönig *Harald Hildetand*, genannt ›Eberzahn‹, befreite Dänemark mit Odins Hilfe in mehreren Schlachten von den Schweden. Odin verhalf seinem Liebling Hildetand zu fünf Jahrzehnten Herrschaft, holte ihn danach aber in der Gestalt von Brugi durch sein Schwert zu sich an die Tafel der Einherier.

Hildetand und schnitt mit seinen Schwertern wie mit Sensen nach links und rechts die Garben und weihte die Haufen der Toten Wodan. Das war für Walvater willkommene Beute.

Hundert Kriegszüge und Wikingsfahrten unternahm Harald Hildetand Wodan zu Ehren, und fünfzig Jahre der Regierung schenkte ihm Allvater. Dann aber wünschte er den Helden zu holen. Er nahm die Gestalt von Harald Hildetands vertrautestem Mann an, dem Ratgeber Brugi[93], der mit einer Geheimbotschaft zu Haralds Neffen Sigurd Ring gefahren und auf der Reise ertrunken war. Harald Hildetand selbst hatte den tapferen Neffen zum König über Schweden eingesetzt. Als Brugi kehrte Wodan nach Dänemark zurück und säte Feindschaft zwischen Harald Hildetand und Sigurd Ring, die nur das Schwert lösen konnte. Sieben Jahre rüsteten Schweden und Dänen zum Entscheidungskampf, so groß war der Hass geworden und der glühende Wille, den anderen für immer zu vernichten. Und nach sieben Jahren trafen sich die Heere aus dem Brawalla-Feld in schwedischen Südlanden.

Blind war König Harald Hildetand geworden von der Zahl der Jahre und ein Greis. Kein Ross vermochte er mehr zu besteigen. Aber auf einen Schlachtwagen ließ er sich heben und hob das Schwert. »Vorwärts, ihr Dänen! Vorwärts mit Wodan!« Da rannten seine Dänen an.

»Ich höre ihr Jauchzen nicht mehr«, murmelte der blinde Greis nach einer Weile. »Wie kämpft der Feind?«

Und Brugi, der neben ihm hielt, erwiderte lachend: »Er kämpft in der Keilform des Eberrüssels!«

Harald Hildetand fuhr zusammen. Nur ihm und Wodan war dies Geheimnis der Schlachtordnung bekannt. Der da zu ihm sprach, war nicht Brugi, es war Wodan selber. Wodan rief ihn. Und er hob das blinde Haupt und machte sich ruhig zum Sterben bereit.

Der Friese Ubbi[94] jedoch, Harald Hildetands treuster und tapferster Held, wollte nichts vom ruhigen Sterben wissen. Wie ein Berserker warf

---

[93] *Brugi*: Vertrauter von Hildetand. Odin nahm Brugis Gestalt an, um sich täuschend dem Dänenkönig zu nähern.

[94] *Ubbi*: Der treueste Kämpfer des Dänenkönigs Hildetand. Der Friese Ubbi wurde in der Schlacht zwischen Dänen und Schweden von den Bogenschützen des Schweden Sigurd Ring getötet.

er sich mit seiner mächtigen Streitaxt in den schwedischen Keil und zerspaltete die Schädel und Rückenwirbel, als spalte er Eichenklötze. Dreimal schlug er hin und zurück eine dampfende Bahn aus Blut, Gehirn und Knochen und jauchzte Harald Hildetand ›Heil!‹, wenn er zurückkam. Zu Dutzenden ließen die Schwedenhäuptlinge ihr Leben, schon wandten sich Heeresteile zur Flucht. Da befahl Sigurd Ring seinen sämtlichen Bogenschützen, nur auf den Friesen zu zielen, und von den Pfeilen gefiedert wie ein Aar stürzte Ubbi, der getreueste Mann, zusammen und hauchte seine Seele aus.

Harald Hildetand vernahm die Botschaft. Hochaufgerichtet gab er seinen Wagenrossen die Zügel frei, dass sie ihn mitten in die Feinde führten. Blinden Auges mähte er, wie als Jüngling in jeder Hand ein Schwert, nach links und nach rechts in die Feindeshaufen. Da sprang Wodan in Brugis Gestalt auf den Wagen und zerschmetterte mit einem Streitkolben Harald Hildetands Haupt. Keine fremde Hand sollte die Silberlocken seines Schützlings berühren. »Dank dir, Wodan«, lächelte sterbend der König.

Hochgefeiert saß König Harald Hildetand, der Däne, unter den Einherern an der Tafel Wodans, den die Nordmänner Odin nannten.

* * * * *

Da saß auch ein anderer Dänenkönig, *Hrolf Kraki.* Der hatte, als er erst zwölf Jahre zählte, die Größe und Kraft eines erwachsenen Mannes und wurde darum Kraki, die ›Stange‹, zubenannt. In heißer Jugendlust schwor er mit zwölf seiner tapfersten Recken zu Wodan, dass sie jeden Kampf gemeinsam bestehen und nur zusammen sterben wollten. Das hörte Walvater gern, denn er gedachte seiner Einherier.

Da wurde Hrolf Krakis Name berühmt in allen Meeren, die er auf Wikingsfahrten durchzog, und in allen Landen, die er eroberte und sich zinspflichtig machte. Er war ein Held nach Wodans Sinn.

Einmal aber war's, dass er nach Uppsala in Schweden zog, eine alte Buße einzufordern für den Vater, den die Schweden dort einst erschlagen hatten. Sein Heer litt Hunger und Durst, und nirgend war Herberge. Plötzlich stand ein Gehöft vor ihnen, und ein Bauer, Hrani geheißen, lud sie zu sich ein. Aber als die Hungernden und Durstenden sich gelagert hatten, entzog ihnen der Bauer Speise, Trank und Herdfeuer und beriet den König, nur die mit sich zu führen, die diese Probe ohne Murren bestanden hätten. Da waren es nur die zwölf Eidgesellen, und Hrolf

Kraki ritt mit seinen Zwölfen weiter an des Schwedenkönigs Hof, der sie in ihrer Herberge ohne Brot und Wasser einmauern ließ und nach qualvollen Tagen Feuer an das Gebäude legen ließ. Hrolf Kraki und seine zwölf Gesellen besannen sich nicht lang. Sie warfen sich mit der Wucht ihrer Körper, als wäre es nur ein einziger Körper, gegen die Wand, dass die Mauer zusammenbrach und sie ins Feuer, aber auch ins Freie stürzten. Ein furchtbares Blutbad richteten die Wilden unter den Schweden an und kehrten, mit Schätzen beladen, zum Gehöft des Bauern Hrani zurück.

Hrani blickte sie strahlend an. Und er holte alte Waffen hervor, ein Schwert, einen Schild und eine Brünne, und bot alles dem König Hrolf Kraki als Gastgeschenk. Aber der Übermütige wies die uralten Waffen lachend zurück.

»Unweise bist du«, zürnte der Bauer, »du wirst es zu spät erkennen«, und er kündigte ihnen die Herberge auf.

Als König Hrolf mit seinen zwölf Gesellen nun durch die dunkle Nacht ritt, erkannte sein Geist, dass der Bauer Hrani Wodan selbst gewesen war, der ihm mit geweihten Waffen ein langes Leben verleihen wollte, und er wandte sein Ross und sprengte zurück. Wie er aber auch suchte, Gehöft und Bauer blieben verschwunden. Nun wollte Wodan sein Leben früher als bisher.

* * * * *

In Dänemark saß Hrolf Kraki und regierte ohne Krieg. Da gedachte seiner Schwester Mann, es sei an der Zeit, die Krone zu stehlen, und er kam mit einem unabsehbaren Gefolge und lud sich bei ihm freundlich zu Gast. In der Nacht aber ließ er alles Lebendige in der Burg niedermetzeln, und nur den zwölf Eidgesellen gelang es, sich zur Schlafkammer ihres Königs durchzuschlagen. Noch einmal tranken sie wie in Jugendtagen aus dem selben Horn sich zu und erneuerten den alten Schwur. Dann warfen sie sich singend auf den Feind, erschlugen die Hälfte und sanken erst zu Tode, als keine heile Stelle mehr an ihrem Körper war.

Trunken lehnte der Verräter auf König Hrolf Krakis Thron. »Ist noch ein Mann übrig von meines Schwähers Gesindel?« Und die Tür öffnete sich, und ein alter einäugiger Kämpe trat herein. Der sprach: »Hier ist noch einer«, und stieß ihm das Schwert durch den Hals. –

Hochgefeiert saß der Dänenkönig Hrolf Kraki unter den Einheriern an der Tafel Wodans, den die Nordmänner Odin nannten. –

* * * * *

Da saß auch ein Schwedenheld, König *Beowulf*[95]. Abenteuerlustig und furchtlos war er gewesen, wie kaum ein anderer. Dem Stamm der Wägmunde gehörte er an, die ihren Stammbaum bis auf die Götter führten. Und eine Tat, der Götter würdig, hatte er getan.

Von dem scheußlichen Meerriesen *Grendel* ging zu jener Zeit erneut Gerücht durch alle Lande. Der Dänenkönig Hrodgar hatte nahe dem Meer eine herrliche Halle aufführen lassen für Helden und Sänger, und Lachen und Lebensfreude scholl weit über die Wasser. Da tappte bei Nacht aus den Nebeln der Meere lüstern der Meerriese Grendel hervor, und das Ungeheuer würgte dreißig der sorglos schlafenden Helden und schleppte die Leichen in sein Versteck. Nacht für Nacht schlich er auf Nebelschuhen in den Saal, kein Stahl ritzte seine Haut, kein Männerherz konnte ihm widerstehen. Verödet lag die herrliche Halle bald, und wer sie betrat, der wurde bei Nacht erwürgt und ausgesogen. Laut jammerte das dänische Volk und rief nach dem Retter.

Das hörte der starke Beowulf in Schweden, der nichts von Gruseln kannte und nur das Zupacken, wie es der Donnerer liebte. Als halber Knabe noch hatte er fünf Tage und Nächte ohne Unterbrechung schwimmend im Meer zugebracht, um Abenteuer zu bestehen, auf dem Meeresgrund Wasserungetüme erlegt und von den nadelspitzen Klippen neun Wassermänner heruntergestochen, bis ihn eine Woge glücklich wieder ans Land geworfen hatte. Nun zog Beowulf in seiner stärksten Manneskraft aus, den scheußlichen Unhold Grendel zu bekämpfen, und er nahm vierzehn unerschrockene Männer mit sich.

Da des Meerriesen Haut kein Stahl durchdrang, so beschloss der kühne Schwede, ihm waffenlos und nur mit den bloßen Fäusten zu begegnen. Seine Gefährten schliefen in der Halle, die der Dänenkönig Hrodgar mit allen seinen Helden und Höflingen am Abend verlassen hatte. Beowulf lag zwischen den Seinen mit wachen Augen. Dunkle Nebel stiegen vom Moor und Sumpf und schlichen wie Pesthauch ins Gemach. Das war Grendels Atem. Jetzt tappte er selbst heran, zerbrach den Türriegel, schlürfte in den Saal, ergriff den ersten der Schlafenden, riss ihn in Stücke und sog das Blut aus. Jetzt griff er mit der Krallenhand nach dem zweiten. Der zweite war Beowulf. Blitzschnell packte Beowulf zu und

---

[95] *Beowulf* war ein schwedischer König. Sein Stamm der Wägmunde ging auf die Götter zurück.

packte so furchtbar stark, dass er dem Ungetüm alle Finger der Hand zerbrach. Brüllend wollte der Meerriese fliehen, aber Beowulf hielt fest. Aus dem Saal wollte Grendel, aber Beowulf stemmte den Fuß gegen die Mauer und hielt des Riesen Handgelenk in seinen Fäusten wie in einem Schraubstock. Da rissen des Riesen Achselsehnen von der übergewaltigen Anstrengung, der Arm riss in der Wurzel aus und blieb mit der Riesenfaust in Beowulfs Händen. Der nagelte die Faust unter dem Jubel der erwachten Gefährten an die Saaldecke, während der Riese, der sich hastig verbluten musste, durch den Nebel taumelte und schwand.

Ein großes Gelage gaben die fröhlichen Dänen dem siegreichen Kämpen und füllten ihm und seinen Gefährten die Schilde mit Gold. Die Nacht über blieben alle und dachten nicht mehr an die Furcht, als sie sich auf die Polster streckten. Aber da tappte im Nebel Grendels Mutter einher, ein wölfisches Ungeheuer. Mit stickigem Atem kam sie, den Tod des Sohnes zu rächen, und ergriff und zermalmte einen der dänischen Edelinge. Vom wilden Waffenlärm erschreckt, entfloh die Mörderin in ihren Unterschlupf.

Beowulf verfolgte ihre Spur. Immer unheimlicher wurde der Weg, immer schauriger der Wald, immer sumpfiger der schwankende Boden, den das Meer unterhöhlte. Feuerflammen tanzten auf den Fluten, ekelhaft Gewürm spreizte sich auf den Klippen, Riesenkrebse und boshafte Nixe. Hier war der Eingang zu Grendels Behausung, und Beowulf tauchte ohne Zögern in die Schrecken der See. Sofort fiel ihn mit Scheren und Zangen das Wassergetier an, aber seine gute Brünne widerstand, und er tauchte tiefer zu Grund. Jetzt packte ihn die Wölfin, Grendels Mutter, bei den Beinen und schleifte ihn in eine wasserleere Grotte. Aufsprang der Held und warf sich mit Macht auf das geifernde Wolfsweib. Aber seine Kräfte ließen nach, und schon schien es, als müsse er der rasenden Unholdin erliegen. Ein Riesenschwert erblickte er an der Wand. Er riss es herunter und stach nach der Wölfin. Die scharfe Spitze ritzte nicht ihre Haut. Da überkam ihn der Berserkerzorn, und er packte das Schwert bei der Klinge und holte aus und zerschmetterte mit dem Knauf der wölfischen Riesin das Rückgrat, dass sie winselnd verendete. Und nun gewahrte er auch den Körper des toten Grendel und schnitt ihm den Kopf ab und stieg nach mühseligem Suchen und Wandern vom Meeresgrund auf zu den stürmisch jubelnden Gefährten.

Heimgekehrt nach Schweden, verübte er als hochsinniger König viele Heldentaten bis in sein Alter, und die letzte war, dass er, der Greis, einen menschenmordenden Drachen erlegte, den die Jünglinge und Männer flohen. Den überreichen Hort schenkte er den Schweden als letzte Königsgabe. Er selbst aber verschied an den Wunden des Kampfes und wurde zu Hronesnäß auf dem Holzstoß verbrannt, während aller Augen weinten. Über seiner Asche ward ein gewaltiger Hügel getürmt, und als Beowulfs Burg blickte das Heldenmal über die See, allen Wikingen ein ehrfürchtig Zeichen. –

Hochgefeiert saß der Schwedenkönig Beowulf unter den Einheriern an der Tafel Wodans, den die Nordmänner Odin nannten. –

* * * * *

Da saßen auch die Norwegerkönige *Harald Harfagar*, das ist Harald Schönhaar, und *Erik Blutaxt* und *Hakon der Gute*, die Haraldssöhne. In einem Meer von Blut hatte Harald Harfagar den Übermut der norwegischen Großen erstickt und mit fester Faust ein norwegisches Reich unter seinem Zepter errichtet. In einem Meer von Blut hatte des Schönhaars Sohn, Erik Blutaxt, gewatet, bis er aus dem Land weichen musste und auf wilder Wikingsfahrt in England ein neues Reich gewann. In neuem Kampf gegen Englands König fiel er und nahm fünf Könige mit in den Tod und tausende von Mannen. Wodan selbst befahl, ihn festlich zu empfangen, Bragi, der Dichtergott, griff begeistert in die Saiten, und König Sigmund vom Rhein erhob sich mit Sinfiötli, seinem Sohn, Erik Blutaxt entgegenzugehen.

»Nur eins sage mir, Wodan«, bat König Sigmund, »weshalb nahmst du dem blutigen Erik den Sieg, da er dich doch der kühnste der Könige dünkt?«

Da sprach Wodan und sah ihm fest in die Augen: »Weil es ungewiss ist, wann der graue Wolf zum Sitze der Götter kommt.«

Und Sigmund wusste, dass Allvater vom heulenden Fenriswolf und vom letzten Kampfe gesprochen hatte und schritt mit Sinfiötli zum Tor und bewillkommnete jubelnd Erik Blutaxt und die fünf Könige, die ihm folgen mussten, und den Heerbann der Helden.

Und wieder stand Wodan aufhorchend in Walhall und wies Bragi an, den Dichtergott, und Hermod, den Götterboten, vors Tor zu schreiten und den Haraldssohn Hakon festlich zu empfangen. Abgeirrt von den alten Göttern war Hakon, als er an seines Bruders Erik Statt das Zepter von Norwegen ergriff, aber heimgefunden hatte er vor der letzten Schlacht zu dem Glauben an Wodan. Darum wollte ihn Allvater besonders ehren. Seine Walküren sandte er auf die rauchende Walstatt, auf der König Hakon mit den Erikssöhnen rang, die aus England heimgekehrt waren, und alles Volk kämpfte für seinen König, den es um seiner Guttaten willen liebte.

König Hakon rief zu Wodan und hörte die Walküren rauschen. Und er hörte ihr Jauchzen: »Nun wächst der Götter Glück, weil die Waltenden Hakon mit einem großen Heere zu sich heim entboten.«

Siegreich blieb König Hakon in der Schlacht, aber von Wunden bedeckt, lag er auf dem Schilde. Freunde und Feinde umdrängten den Sterbenden, um noch einen Blick aus seinen Augen zu erhaschen, der der beste König war in Norwegen, und kein besserer war nach ihm.

Blutbespritzt stand der König mit seinen Mannen an der Pforte Walhalls, von Hermod geleitet, von Bragi mit Heldenliedern begrüßt.

»Helme und Brünnen wollen wir anbehalten und das Schwert nicht von uns tun«, sprach der König zu Wodan. »Es ist gut, bereit zu sein.« Und Wodan nickte, denn er kannte die Nähe der Stunde.

Hochgefeiert saßen Norwegens Könige, Harald Harfagar, Erik Blutaxt und Hakon der Gute, unter den Einheriern an der Tafel Wodans, den die Nordmänner Odin nannten. –

* * * * *

Noch einer aber saß unter dem Hunderttausend. Der war aus Westfalenland und hieß *Hermann, der Cherusker*[96]. In Germanien war er aufgestanden, als es keinen Mann gab, die deutschen Gaue von der alles erdrosselnden Römerherrschaft zu befreien. Er, der Einzige, rief die hadernden Stämme zusammen und rief den Mannesmut und den Heldenzorn an in den erloschenen Gemütern. Er, der Einzige, zeigte den verzagten Deutschen, was Schwerter wert sind in der Hand von Männern, denen die Ehre lieber ist als das Leben. Und sie ballten sich zusammen und erschlugen im Teutoburger Wald das römische Heer, mehr denn zwanzigtausend Mann. Der Befreier des Vaterlandes wurde der Cheruskerfürst und ward zum Dank von Neidlingen erdolcht. –

Auf dem Ehrenplatz an der Einheriertafel in Walhall saß Hermann, der Cherusker, und keinen liebte Wodan wie ihn. – –

---

[96] *Herman der Cherusker* aus Midgard. Germanischer Besieger der Römer. Er hat einen Ehrenplatz bei den Einheriern in Walhall. Odins Liebling.

Um Baldur

»GUT IST'S, BEREIT ZU SEIN.«

Am Tisch der Einherier war das Wort gefallen. Wodan wusste es lange. Und er wusste die Vorzeichen, die das Nahen der Stunde kündigten. Wenn das volle Licht getötet wird von der blinden Nacht, wenn der sonnenlose Winter die Lichtzeiten Frühling und Sommer vernichtet haben wird.

Noch lebte der Gott des lachenden Frühlings und der Sommerhöhe, noch lebte Baldur, der Fleckenlose. Auf seiner himmlischen Burg Breidablick, dem Breitglanz des Himmels, lebte er mit seinem süßen Weib Nanna, die da war wie eine Blume zwischen Blüte und Frucht, und das Glück der Wärme ging von ihm aus. Alle liebten sie ihn, die Götter wie die Menschen, und selbst die Riesen der Eisländer waren ihm zugetan, da auch sie seines Lichtes und seiner Wärme bedurften. Lebensfröhlichkeit war, wo Baldur erschien, selige Hoffnung, Liebe zur Arbeit, Glaube an eine höhere Welt. Die Menschen hoben die Häupter, blickten lächelnd in das Licht und ließen ihren Arbeitsgeist bestrahlen zu höheren Dingen. Da wuchs aus dem Werktag der Feiertag und aus dem Feiertag wuchsen die Künste, die wiederum den Werktag veredelten, und Baldur war es, der allen Empfindungen des Geistes und der Seele zur höheren Weihe verhalf.

Solange Baldur lebte, wuchs die Welt und in der Welt die Gesittung.

Nun war es seit etlicher Zeit, dass Baldur am Tage schwermütig dahinschritt und in der Nacht von beängstigenden Träumen zerquält wurde. Schnell merkten es die Götter, denn das glückliche Lachen tönte nicht mehr von Breidablick über Asgards Fluren hin, bald merkten es auch die Menschen, denn der Frühling kam karg und der Sommer ohne Freude, und selbst die Riesen spähten unruhig nach dem bisschen Licht und Wärme ihres Himmels aus. Trübsinn zog in die Gemüter der Asen, und sie erforschten den traurigen Baldur, bis er ihnen alle seine Träume und Gedanken offenbarte.

Frigg, die stillsorgende Himmelsmutter und Mutter Baldurs, fasste sich zuerst. Ihr Sohn war in Gefahr. Also galt es, nicht zu beratschlagen, wie die Männer taten, sondern zu handeln. Und sie machte sich auf und ging zu allem, was da lebte und webte, wuchs und beharrte, zu Menschen und Riesen und Alben, zu Feuer und Wasser und Erde, zu Erzen und Steinen, Pflanzen und Giften und zu sämtlichem Getier, und alles nahm sie in feierlichen Eid, dem Leib und Leben Baldurs nimmermehr zu schaden. Da war große Freude, als die stillsorgende Himmelsmutter wiederkehrte und in Asgard Baldurs Unverletzlichkeit verkünden konnte. Wie die Kinder wurden die Götter in ihrer Ausgelassenheit, und sie trieben Spiele und Scherze mit Baldur, um den Zauber zu erproben. Nur Loki stand missgünstig zur Seite, wenn die Götter mit Geren und Pfeilen auf Baldur schossen, mit Schwertern und Steinen nach ihm zielten, ohne dem leuchtenden Gott auch nur das geringste Leid antun zu können. Denn Loki empfand, dass seine neidische Seele nur noch tiefer in den Schatten sinke vor Baldurs sonnenreiner Klarheit.

Allvater Wodan aber schritt sinnend aus dem Kreis der Fröhlichen und sattelte seinen Hengst Sleipnir. Denn er vermochte nicht freier zu atmen trotz der Eide, die Frigg, seine Gemahlin, genommen hatte, weil er die Zukunft kannte und wusste, dass sich das Schicksal nicht betrügen ließe. Nur eine Gegenprobe zu dem eigenen Wissen wollte er machen und in die finstere Hel, das Reich der Todesgöttin, reiten.

»Wir reiten zur *Wolwa*, der Weissagerin, die jenseits der Hel im Grabe ruht«, sprach er zu seinem Ross, und Sleipnir schoss wie ein Vogel hinab gen Niflheim. Geifernd bellte der blutige Hund der Hel, doch Wodan achtete seiner nicht und ritt durch die dunklen Schrecknisse, bis er am Rande des Totenreichs das Grab der Wolwa fand. Hier saß er ab und sang der Hexe den Leichenzauber, bis sie sich widerwillig erhob.

»Tot war ich lange. Was willst du von mir?«

»Antwort will ich, für wen im Hause der Hel die Bänke mit glitzernden Brünnen, und mit Gold die Dielen belegt sind!«

»Für Baldur geschah's. Auf ihn wartet das Met-Horn der Hel. Lass mich schweigen.«

»Noch schweigst du nicht. Wissen will ich, wer es ist, der Baldurs Blut vergießen wird.«

»Hödur heißt er. Nun begehr ich zu schweigen.«

»Noch schweigst du nicht. Wissen will ich, wer die Blutrache nimmt für die ruchlose Tat.«

»Ried wird Wodan den Wali[97] gebären. Eine Nacht nur alt, zieht er aus in den Kampf. Das Haupt nicht kämmt er, die Hände nicht wäscht er, bis

---

[97] *Wali*: Bei der Vergewaltigung der Jungfrau Ried von Odin gezeugter Sohn, der Baldurs Mörder erwürgte

Baldurs Mörder im Blute liegt. Nicht gerne sprach ich, begehr nun zu schweigen.«

Erschauernd hatte die Wolwa Wodan erkannt, den alten Schöpfer der Welt.

»Kein anderer Mann soll wieder mich wecken, bis von den Fesseln Loki sich löst und die Feinde kommen zum Sturze der Götter!« rief sie mit letzter Kraft und sank in das Grab zurück. –

Wodan ritt heim. Er hatte die Probe auf sein Wissen gemacht, und sein Wissen war Wahrheit.

Immer noch trieben die Götter auf Asgards Wiesen mit Baldur die fröhlichen Kampfspiele. Immer noch ging Loki neidverzehrt umher. Eine neue Arglist sann er aus, und er humpelte in Gestalt einer alten Dienerin zu Frigg, der stillsorgenden Himmelsmutter, und plauderte mit ihr.

»Welch ein Wunder ist es mit Baldur, unserm Liebling. Nichts und nichts auf der Welt vermag ihm zu schaden.«

»Ich nahm alle Dinge in Eid, wie Mütter tun«, erwiderte freundlich Frigg und zählte sie alle her, bei denen sie gewesen war.

»Vergaßest du auch nichts? Hast du auch nichts übersehen?«

»Nichts übersah ich. Nur die Mistel ließ ich aus, die in den Bäumen wuchert. Kaum hat sie das eigene Leben.«

Loki aber begab sich alsbald in den Wald und fand die unscheinbare Mistel, die nur im Winter blüht, und schnitt sie ab und fertigte aus der Ranke einen dünnen, scharfen Ger. Und er kehrte zurück in den Kreis der Götter, die lachend auf Baldur, den lichten Gott des Frühlings und der Sommerhöhe, ihre Speere schossen, und traf auf den blinden Hödur, den Gott der Nächte und des sonnenlosen Winters.

»Weshalb bleibst du dem Spiele fern?« fragte der Arglistige. »Auf, versuch deine Kunst.«

»Ich bin blind«, klagte Hödur, »sehe das Ziel nicht und führe keine Waffe.«

Da drückte ihm Loki den Ger aus Mistelzweig in die Hand und lenkte seinen Arm. Mächtig warf der blinde Hödur, pfeifend durchschnitt der dünne scharfe Ger die Luft, durchbohrte Baldurs Leib und Leben.

Entsetzen lähmte die Glieder der Götter. Kein Laut entrang sich ihrem Mund. Tot war Baldur, und ein Mord war geschehen im Himmel. Und plötzlich war ein wildes Weinen in ganz Asgard.

An der heiligen Freistätte durften die Götter die Übeltäter nicht greifen. Hastig entwich Loki, und Hödur stand wie versteinert. Frigg aber, die Schmerzensmutter, wischte zuerst die Tränen vom Angesicht.

»Zur bleichen Hel ist Baldur gefahren, mein liebster Sohn. Wer reitet den Weg und bittet ihn los von der Hel gegen alles Lösegeld, das sie verlangt? Wer fürchtet sich nicht und reitet um meiner Liebe willen?«

Da trat Hermod vor, Wodans schneller Sohn, und das schnellste Ross wurde gebracht, Sleipnir, Wodans achtfüßiger Hengst. Und Hermod schwang sich in den Sattel und trat den Hel-Ritt an.

Denn das verlangte die unerbittliche Gerechtigkeit, der auch die Götter unterworfen waren, dass die Seele dessen, der in Asgard verschied, zur Hel musste. Wie wäre es sonst ein Sterben für die Asgard-Bewohner gewesen, wenn sie in derselben Stunde des Todes in Walhall auferstanden wären und wiederum unter Göttern und Helden gesessen hätten! Wer von den Göttern fiel, schied aus. Er gehörte der Hel. So verlangte es die ausgleichende Gerechtigkeit.

»Blutrache«, war der Götter erster Gedanke, als sie zur Besinnung kamen. Bei Göttern und Menschen, soweit es Männer waren, gab es kein heiliger Wort. Und sie blickten einander in die Augen, wer sie üben solle.

»Mein ist die Rache«, sprach Allvater, »aus meinem Blute wird Baldur gerächt werden. Euch aber brauch ich zu anderen Taten.« Und er ging hin und fand die riesische Jungfrau *Ried*, die sich zu den Asen hielt, und sie gebar ihm in selber Nacht einen Knaben, den Wodanssohn *Wali*. In selbiger Nacht wuchs Wali zu seiner ganzen Manneskraft auf, und er kämmte nicht sein Haar und wusch nicht seine Hände, bis er Wichtigeres vollbracht hatte, das Wichtigste, das dem Bruder ziemte. Hödur, Baldurs Mörder, suchte er auf und traf den Unglücklichen am Rande der Morgendämmerung und erwürgte ihn. –

Neun Tage und neun Nächte ritt Hermod zur Hel. Er stob dahin, dass aus den acht Hufen Sleipnirs Funkengarben sprangen wie wirres Wetterleuchten.

Die Asen aber trugen Baldurs Leiche ans Meer und betteten sie hoch oben auf dem Holzstoß, den sie auf des toten Gottes Luftschiff Hringhorn geschichtet hatten. Wodan kam mit seinen Raben und Wölfen, und Frigg kam mit ihm und die Schar der Walküren. Mit seinem Bockgespann brauste der Donnerer herbei, Freyer fuhr mit seinem goldborstigen Eber, dem Geschenk der Zwerge, Heimdall, der getreue Himmelswächter, ritt

seinen schnellen Hengst, und die liebliche Freya lenkte ihr Katzenge-
spann. Zu Fuß, zu Ross und zu Wagen kamen die Götter und Göttinnen
alle, und viel trauerndes Volk der Riesen und Alben kam, das, obschon es
im ständigen Kampf mit den Asen lag, den einzigen Baldur ausnahm aus
aller Feindschaft. Die Himmel weinten, die Erde erschauerte im Schmerz,
und ein wildes Klagen erschütterte die ganze Natur.

Nanna aber, Baldurs geliebtes Weib, die in des Gottes leuchtender und
wärmender Liebe wie eine Blume gewesen war zwischen Blüte und
Frucht, vermochte ihr Leid nicht mehr zu fassen. »Baldur!« schrie sie auf,
dass der Schrei des Namens wie aller Klagen Klage durch die Welten lief,
und in diesem einen Schrei brach ihr das Herz.

Da legten die Götter Nannas Blumenleiche auf den Holzstoß, und sie
lag zur Seite des Geliebten, dem Frühling und Sommer das Leben waren.

Auf runden Hölzern ruhte das Schiff, um schnell in das Meer gerollt zu
werden. Aber von allen Opfergaben war es so schwer, dass es sich nicht
von der Stelle bewegte, denn auch Baldurs Sonnenross, aufgezäumt in
seinem blitzenden Geschirr, war auf den Scheiterhaufen geführt worden
und Schätze über Schätze aus allen Landen. So sehr ward Baldur geliebt.

Die Riesen rieten in der Not der Götter, die Stärkste der Starken, das
Riesenweib Hyrockin, holen zu lassen. Das Weib kam angesprengt auf
einem gewaltigen Wolf, dem sie statt eines Zaumes eine Natter durch das
Maul gezogen hatte, um den Göttern furchtbarer zu erscheinen. Und um
die Götter mit ihrer Kraft zu schrecken, stieß sie, während vier Berserker
ihren Wolf kaum auf dem Boden halten konnten, das Schiff mit einem
so unbändigen Ruck ins Wasser, dass die Holzrollen Feuer spien und fast
das ganze Schiff mit seiner heiligen Ladung vom unheiligen Feuer
verzehrt worden wäre.

Blut trat dem Donnerer in die Augen. Er hob den Hammer, um die
Unverschämte zu zerschmettern. Aber die Götter fielen ihm in den Arm,
und die Riesen baten für ihr Leben, da ihr freies Geleit zugesichert sei.
Da ließ er sie laufen.

Im Wasser schwamm das Schiff mit der teueren Last. Noch einmal
nahm Wodan Abschied von dem schönen Leib des Sohnes und legte ihm
als letzte Gabe den kostbaren Ring *Draupnir* auf den Holzstoß, den
Tröpfler, das Geschenk der Zwerge, dem jede neunte Nacht acht neue
Ringe enttropften. Dann trat der Donnerer an den Holzstoß und weihte
die Götterleichen mit dem Zeichen des Hammers.

Alsbald entzündeten die Asen die Scheiter mit dem heiligen Feuer aus Asgard, und das Schiff fuhr wie eine Fackel hinaus auf das dunkle Meer, immer weiter und weiter, bis es in Flammen verging.

* * * * *

Fröstelnd kehrten die Asen, fröstelnd kehrten die Riesen und Albe heim. Wie in Todesfrost erschauerten die Menschen.

Immer aber und immer noch kreiste Nannas Schrei um Baldur durch die Welt und wollte nimmer vergehen. –

Neun Tage und neun Nächte ritt Hermod zur Hel. Er stob dahin, dass aus den acht Hufen Sleipnirs Funkengarben sprangen wie wirres Wetterleuchten. Das war das einzige Licht, das ihm den Weg erleuchtete durch die grässliche Finsternis der Unterwelt.

Am Abend des neunten Tages gelangte er an den Totenstrom *Gioll*, der das Reich der Hel von allen anderen Reichen trennt, und die goldene Gioll-Brücke krachte in allen Fugen, als Sleipnirs Hufe über die Planken donnerten. Eine Jungfrau erschien, Modgud[98] mit Namen, das ist ›Seelenkampf‹, die warf sich dem Reiter entgegen. »Wer bist du, und was suchst du Lebender im Reich der Toten?«

»Ich bin Hermod, Wodans Sohn, und suche Baldur, meinen Bruder.«

»Ich dachte es mir, dass du kein Gewöhnlicher bist«, entgegnete Modgud besänftigt. »Fünf Haufen Toter ritten gestern über die Brücke, aber die Hufe aller ihrer Rosse donnerten nicht so auf der Brücke, als die deines einzigen.«

»Sahst du auch Baldur reiten?« drängte der Ase sie.

»Wohl sah ich Baldur. Er ritt zur Ehrenhalle der Hel, wo sie selber thront.« Und sie wies ihm den Weg.

Weiter sprengte Hermod den Hel-Weg durch die Finsternis und gelangte an ein haushohes Eisengitter, das die Wohnung der Hel umschloss. Siebenfach verriegelt war die Pforte und sonst kein Eingang und Ausgang.

»Sleipnir, es gilt!« hauchte Hermod dem Hengst ins Ohr und nahm ihn zum Sprung zurück. Und Wodans Jagdpferd setzte an und setzte im Steil-

---

[98] *Modgud*: Eine Jungfrau, die Hermod, den Bruder von Baldur, vor dem Totenreich empfing und zu Hel führte.

sprung über das Gitter und hielt wie aus Stein vor Hel's Halle. Dankbar klopfte ihm Hermod den Hals. Dann trat er ein.

Den Asen-Mut nahm Hermod zusammen, als er das Bild, das dort sich ihm bot, erblickte.

Zur Hälfte schwarz, zur Hälfte fleischfarben, saß die grausige Hel mit hängendem Kopf und klaffenden Kiefern auf ihrem Thron. Unerbittlich war ihr Gesicht. Und um die Erbarmungslose geschart, saßen mit todtraurigen Augen Könige und Helden, die den Stroh-Tod gestorben waren an Krankheit oder Altersschwäche, und nicht den Jubel-Tod im Schlachtenwetter, in dem die Walküren zu Walhall entbieten.

So still und traurig war es, dass man die Tropfen von den Steinwänden fallen hörte in grauenhaft eintöniger Wiederkehr.

Auf hohem Ehrensitz, die Bank mit goldenen Brünnen, den Boden mit goldenen Fliesen belegt, saß traumverloren Baldur, von Nanna umschlungen. Vor ihm stand der Met-Krug, wie vor den Königen und Helden, aber unberührt hatte ihn der Träumer gelassen. Des Gottes Geist träumte in die Zukunft.

Zu dem stillgewordenen Bruder trat Hermod und setzte sich zu ihm. Die ganze Nacht sprach er zu ihm über das Weh der Welt und über die Wünsche Friggs, den Sohn wiederkehren zu sehen zum Besten aller Wesen. Und Baldur hörte ihm zu und spann seine Gedanken.

Als der Tag anbrach, ging Hermod zum Thron der Hel.

»Wisse«, sprach er zu ihr, »dass ich dir die Wünsche der mächtigen Asen bringe, Baldur heimzusenden nach Asgard. Seit er schied, ist die Welt von Schmerzen erschüttert und will nicht mehr leben. Was aber sind die Götter, was bist auch du ohne die immer sich neugebärende Welt! Verzichte auf dein Recht auf Baldur, und die Menschen werden dich lieben, wie sie Baldur lieben.«

»Deine Worte klingen gut«, antwortete die finstere Hel, »aber der Bittende hat tausend Gründe, wo das Recht nur einen hat. Trotzdem: ich will deine Gründe erproben. Wenn alle Wesen und Dinge der Welt um Baldur als den geliebtesten und unersetzlichen weinen, so soll er heimkehren in das Licht. Weigert ein Einziges Liebe und Tränen, so muss er bleiben. Geh hin und künd es den Göttern.«

Und Hermod ging und nahm fröhlichen Abschied von Baldur, und Baldur gab ihm für Wodan den Ring *Draupnir*, den Tröpfler, zurück, da es im Reiche der Hel kein Verwenden für ihn gäbe. Und Nanna gab von den reichen Opfergaben, die ihren Holzstoß geschmückt hatten, Gewänder und Gewebe für Frigg und Freya und die Göttinnen alle. Hochgemut ritt Hermod den Hel-Weg zurück, wusste er doch, dass alle Welt um Baldur weinte und weiter weinen würde, um Baldur, den jeder lieben musste.

Wieder griff Sleipnir aus und donnerte den Hel-Weg entlang. Und Hermod sah die Scharen der Müden und Stillen des Weges ziehn, die sich freuten, im Reich der Hel die Ruhe zu finden, aber er sah auch die Scharen der Meineidigen und Mörder, und der Landesverräter, die schlimmer als Mörder und Meineidige sind, und sie durften nicht über die Brücke des Totenstromes *Gioll* hinüberwandern und mussten mit nackten Füßen durch das Flussbett waten, das mit hunderttausend scharfen Schwerterspitzen gespickt war. Brünstige Giftschlangen lauerten in Hel's Reich auf die, die um eigenen Vorteils willen das Leben der Völker vergiftet hatten.

»Sleipnir, greif aus«, schmeichelte Hermod dem Hengst, und der Hengst verstand und stob durch die Hel und das ganze, unendliche Niflheim und gewann die Oberwelt und stürmte, die Wolkenrosse weit hinter sich lassend, nach Asgard hinauf, wo die Götter harrten.

Da herrschte Freude in allen Hallen, als Hel's hoffnungsvoll klingender Spruch offenbar wurde, und alsobald eilten die Boten durch Himmel und Erde und Jotunheim und forderten die Tränen von den Lebendigen und von allen leblosen Dingen. Und die Menschen weinten mit den Göttern, und die Riesen weinten mit den Alben, von den Bäumen und Blumen tropften die Tränen, und selbst die Steine weinten, da Baldurs Sommer ihre Winternässe nicht mehr hinwegnahm.

Loki saß in einer Höhle und fürchtete fiebernd für sein Neidlingswerk. Er nahm die Gestalt eines Riesenweibes an und nannte sich *Thock*, als die Boten der Asen bei ihm einkehrten, das ist: das Dunkel.

Und die Boten sprachen: »Du bist das letzte Wesen, das wir fanden und noch nicht baten. So bitten wir auch dich: Weine, weine um Baldurs, des Vielgeliebten, Tod und Wiederkehr.«

Die Riesin Thock wiegte kaum den Kopf.

»Ich heiße das Dunkel und dämmere im Dunkel dahin. Was schiert mich der lichte Baldur! Sein Leben hat so wenig Nutzen für mich wie sein Sterben, und mein Auge hat keine Tränen. Hel behalte ihr Eigentum.«

Sie verschwand in der Tiefe der Klüfte, und die Boten erkannten entsetzt, dass es Loki gewesen war.

Gebrochen kehrten sie heim durch die Tränenbäche der Welt, die umsonst geflossen waren, und kündeten den Göttern das Geschehnis. In tiefem Schweigen vernahmen es die Asen. Sie blickten auf Wodan, den Vater. Der saß wie aus Stein, nur sein Einauge blitzte. Endlich erhob er sich.

»Die als Götter gelebt haben, müssen auch als Götter zu sterben wissen. Sprecht es weiter.«

* * * * *

Und er hüllte sich in Mantel und Hut, um Mimirs stillen Quell aufzusuchen. –

Ein Gastmahl bot Ägir, der Beherrscher der Meere, den Asen an, um sie seiner Freundschaft zu versichern. Und sie gingen alle hin, die Götter und Göttinnen, auf ein paar Stunden anderen Sinnes zu werden. Denn Ägirs kristallene Halle war eine Freistatt, und Frevel war, sie durch Streit zu entweihen.

So saßen sie bei dem Meer-Beherrscher und freuten sich des Mahles und des Metes, und nur der Donnerer war abwesend. Plötzlich aber vernahmen sie heftigen Wortwechsel und sahen Loki, der sich die unantastbare Freistatt zu nutze machte und einzutreten begehrte. Als ihm der Türhüter den Zutritt um des Friedens willen Diener wehrte, schlug ihn der erboste Loki so hart, dass der Treue entseelt zu Boden sank.

In wild erwachtem Grimm sprangen die Asen auf und griffen zu den Waffen, den Bösewicht unschädlich zu machen. Der aber berief sich höhnend auf die Heiligkeit der Freistätte und erzwang sich seinen Platz an der Tafel. Und während er frech zugriff und den Met-Krug leerte wie ein gerngesehener Gast, überschüttete er Götter und Göttinnen mit Schmähreden, warf dem einen Ungerechtigkeit, Treulosigkeit, dem anderen Feigheit, Gier, Geilheit den Dritten vor und zieh die Göttinnen der Schamlosigkeit, der Unzucht und aller Weiber-Untugenden von tausenden von Jahren. Seine Lästerzunge lief wie ein Rad. Er wusste, dass er verfemt war, und wollte darum Gift und Galle seiner verdorbenen Seele über die früheren Bank- und Fahrtgenossen ausspritzen, bevor er auf immer verschwinden musste. Er schonte selbst die Himmelsmutter nicht und nicht die goldhaarige Sif, als Sifs Gatte, der Donnerer, eintrat und der Lästerzunge Einhalt gebot.

»Du willst mir gebieten?« höhnte ihn Loki, »du, der sich im Däumling eines Riesenhandschuhs verkroch?«

Schweigend griff der Donnerer nach dem Hammer *Mjolnir*. Die Sprache verstand der Verräter.

»Zum letzten Male sitzt ihr bei Ägir zum Trunk! Das letzte Bier hat er euch gebraut! Feuer soll bald diese Halle verzehren, wie euch Asen der Wolf verschlingen wird und Muspels Feuer und meine Tochter, die Hel!«

Kreischend schrie er seine Verwünschungen, und bevor die Götter einen Gedanken zu fassen vermochten, stürzte er sich in Gestalt eines Lachses ins Wasser und war verschwunden.

Die Asen machten sich auf.

* * * * *

»Der Tod wäre zu große Wohltat für solchen Bösewicht«, und sie kamen überein, ihn zu fangen und so zu fesseln, dass sein Weiterleben eine einzige Kette von Qualen bilden solle.

Von seinem Hochsitz aus blickte Wodan forschend in die Welt. Und er gewahrte Loki in einem Hause mitten in der Felsenwildnis sitzen, und das Haus war über einen Sturzbach gebaut und trug Fenster in allen vier Wänden. Beständig auf der Hut, lugte Loki rastlos nach allen Himmelsrichtungen aus und flocht dabei ein Netz, um Fische ins Garn zu locken.

Jäh sprang er auf. Er hatte das Nahen der Asen erspäht. Und mit einem Satz war er als Lachs in dem Sturzbach verschwunden.

Da fanden die Asen das Netz und nahmen es und zogen es quer durch den Sturzbach. Zweimal schnellte sich der Lachs über das Hindernis und verschwand in der Tiefe. Beim dritten Mal geriet er in das Netz und hätte das Netz mit sich weggerissen, wenn nicht der Donnerer, der bis zur Brust im Wasser stand, zugegriffen und den Lachs beim Schwanz erwischt hätte. Da half kein Drehen und Winden, des starken Asen Faust riss ihn aus dem Netz, das sich der Böse selber gefertigt hatte.

* * * * *

Loki, der Verderber des Himmels und der Erden, lag vor den Göttern.

Das Urteil war bald gefällt. In der Felsenwildnis, in die er sich begeben hatte, schmiedete man ihn an, den nackten Rücken auf die messerscharfen Felsenkanten, ihn, der vom Gott zum Unhold gesunken war. Sein verzerrtes Antlitz richtete man nach oben, dass er es nicht nach rechts, nicht nach links zu wenden vermochte, und befestigte über seinem Gesicht eine ekelige Schlange, die ihm unaufhörlich die Gifttropfen ihres Schlundes wie brennendes Feuer ins Gesicht fallen ließ. Verlassen und verloren sollte er liegen und Qualen leiden bis an der Welt Ende.

Die rächenden Götter waren heimgekehrt. Schaurig lag die Felsen-
einöde, durchgellt von den Schreien des Verdammten. –

Da tastete es auf nackten Sohlen durch die Felsenwildnis. Da huschte
es auf blutigen Füßen durch das messerscharfe Gestein, und weit
aufgerissene Frauenaugen suchten und suchten den Ort der Verdammnis,
bis sie ihn fanden. Weiter huschte die Frau, bis sie neben dem Körper des
Gefesselten niederglitt.

Das war *Signy*, des Bösen misshandeltes Eheweib, dessen treues Werben
er immerdar verspottet und mit Untreue gelohnt hatte. Was wusste Signy
davon und von allen ihren Leiden? Sie sah nur den Mann, den sie geliebt
hatte in seiner Schönheit und in seinen Fehlern, und den sie heute in
seiner Qual mehr noch lieben musste als je zuvor. Signy allein war zu ihm
gekommen.

An seinen Fesseln biss und zerrte sie, ohne sie um Haaresbreite zu
lockern. Ohnmächtig sank sie zuletzt in die Felsen. Aber das Brüllen des
Verurteilten jagte sie wieder auf. Die Gifttropfen der Schlange zerbrann-
ten und zerfraßen Loki das Gesicht. Und Signy ergriff einen Scherben
und hockte sich neben den Mann und fing in ihrem Scherben die Gifttropfen auf, die niederfielen.

War die Schale gefüllt, so musste sie sich einen Herzschlag lang wenden
und die Schale entleeren. Dann fielen die Tropfen aus der Giftschlange
Schlund aufs Neue dem Elenden in die Augenhöhlen, dass er aufbrüllte
vor wahnsinnigem Schmerz und sich in den Fesseln bäumte, dass die
Menschen in allen Ländern erschrocken niederfielen und meinten, ein
Erdbeben erschüttere die Grundfesten der Welt.

Und wieder saß Signy, die Treue, neben dem ungetreuen Mann und
hielt ihm die Schale vor das Gesicht, wieder und wieder, in unermüdlicher
Geduld.

Der letzte Kampf

EISKALT WARD ES AUF ERDEN. Baldur war tot, und Frühling und Sommer starben hastig ihm nach. Jäh brach der Winter herein, ein Winter, wie er nie erlebt wurde, seitdem die Welt erschaffen war. Die Bäume platzten auf in dem scharfen Frost, und ihr Saft rann die Stämme hinab, gefror und verstopfte die Poren. Die Pflanzen und Blumen traf's bis in den Wurzelstock, und die Kälte presste ihnen die letzten Tränen aus und ließ sie vergehn wie zersplittertes Glas. Selbst die Steine schwitzten ihr weißes Blut, dehnten sich in klingenden Seufzern und zersprangen zu Staub.

Baldur war tot, und es war nicht Frühling und nicht Sommer mehr.

Frost lief durch die Welt, und er tötete die Äcker, die Wiesen, die Wälder. Im Starrkrampf lag das Leben.

Und als müsse ein Leichentuch her, Tod und Sterben zu decken, setzte ein Schneesturm ein, der unaufhörlich tobte, unaufhörlich seine weißen Massen auf die Erde schleuderte. So dicht brausten und wirbelten die Flocken, dass aller Raum zwischen Himmel und Erde ausgefüllt schien, dass die Sonne vom Himmel verschwand und der Tag von der Nacht verschlungen blieb in der immerwährenden Finsternis.

Drei Jahre lang dauerte der eine Winter, den kein Frühling milderte, kein Sommer durchbrach. Drei Jahre, die nicht enden wollten, gingen dahin in einem einzigen Winter.

Da türmte sich das Eis zu Gletschern und rückte vor, von den Eisriesen gepeitscht, die nach dem Licht verlangten. Da begann das Feuer in Muspelheim, das hinter Eisesmauern keinen Ausweg fand, zu kochen und zu zischen, und seine eingeschlossenen Dämpfe suchten sich zu entladen. Bis zu den Wolken sprang der Gischt des Meeres, das enger und enger zusammengetrieben wurde in seinem Becken. –

Von seinem Hochsitz aus sah es Allvater, und er sah mehr.

Er sah die Menschen dem heraufziehenden Schicksal unterliegen. Baldur war tot, und alle Gesittung starb ihm nach. Frost und Hunger und Finsternis machten aus Menschen gierige Tiere, die da raubten und mordeten und plünderten, nur um des eigenen Bauches willen. Alle Bande des Blutes, alle Bande der Gesetze brachen. Brüder erlegten Brüder, Ehen wurden gebrochen, Unzucht herrschte und Faustrecht. Ganze Stämme zogen aus und warfen sich blutgierig auf friedliche Nachbarstämme, um sie zu vertilgen. Schlachten wurden geschlagen aus roher Mordlust und nicht um Heldenehren willen. Ehre der Väter war eine Sage, und Macht ging vor Recht. Beilzeit war und Schwertzeit, Windzeit und Wolfzeit. Nicht einer schonte des anderen mehr, und jedermanns Hand war wider jedermanns Hand.

Von seinem Hochsitz aus sah es Allvater, und er sah mehr.

Er sah zwei Wölfe der Riesen am Himmel jagen, und der eine jagte die Sonne, der andere den Mond. So stark waren sie geworden, weil die Menschen ihre Toten unbeerdigt ließen und die Wölfe sich vom Leichenfleisch mästeten. Schon kamen sie den Fliehenden nahe und packten sie in der Flanke, dass Sonnenfinsternis wurde und Mondfinsternis und die Menschen der Erde aufheulten in irrsinniger Wirrnis. Noch einmal rissen sich Sonne und Mond los von ihren Bedrängern und stürmten weiter durch die mit ihnen jagenden Wolken, dass ihre Lichter aufblitzten und verschwanden und ihre Schatten im Taumel über die Erde tanzten.

Beilzeit, Schwertzeit – Windzeit, Wolfzeit!

Dann warf sich Wodan wie in alten Tagen auf sein Sturmross und jagte hinaus an der Spitze seines Geisterheeres mit *Hussa, Horridoh* und Peitschengeknall und säuberte die Lüfte vom tollsten Spuk, und die Menschen hielten ihn und seine wilde Jagd für der Spuke größten. Hinter ihm aber ballte es sich wieder zusammen und stürmte in Wut und Wirrnis, und Allvater saß auf dem Hochsitz und sah und wusste alles.

Und er sah, wie die Feuer in Muspelheim sich zur Siedehitze gesteigert hatten, und er erhob sich und sah, wie sie, zu aller Kraft zusammengefasst, sich donnernd entluden und die lastenden Gletscherberge sprengten und in wild gewordener Freiheit ihre Flammen über die Erde und gen Himmel schlugen. In allen Fugen erkrachte die Welt, das feste Land hob und senkte sich wie tobende Meeresflut, Klüfte verschlangen die entwurzelten Wälder, Berge türmten sich über Berge und stürzten in die kochende See, und die See flutete über und ersäufte die Küsten, die Midgard-Schlange stieg geifernd empor, suchte das Land und wälzte sich vorwärts, und die Sterne fielen erloschen vom Himmel.

Und in die grausenden, brausenden Schrecknisse hinein, über sie hinweg und sie alle übertönend, schrie wie ein Adlerschrei lang und gellend ein Hornruf.

Heimdalls Horn!

* * * * *

Heimdalls Horn rief die Asen, rief die Einherier, rief alle Asgard-Männer auf zum letzten Kampf.

Da eilten die Götter, Wodans letztes Gebot zu empfangen, und umstanden, tief atmend, den Vater der Schöpfung.

Und Allvater sprach:

»Götter sterben nicht. Götter und Helden erstehen neu, wenn sie sich würdig erwiesen. Würde ist nicht das bisschen Tugend des Tages. Würde ist, für sein Leben und Schaffen sterben können. Das allein macht *un*sterblich. Wohlauf denn, ihr Asen und ihr Helden alle, nun folgt mir nach in die Unsterblichkeit.«

Da waffneten sich Götter und Helden mit ihren besten Waffen, in unabsehbaren Scharen zogen die Einherier aus, und mit den Walküren ritten die Göttinnen, den Ger in der Faust. –

Der rote Hahn des Riesenreiches krähte in den Morgen und rief die Schläfer wach, wie der goldene Hahn krähte in Asgard und der nussbraune Hahn in der Hel.

Ganz Riesenheim tobte in hellem Aufruhr. In Scharen krochen Schwarzalben und Trolle aus Klüften und Schluchten und spornten kreischend die Riesen an.

Die jauchzten auf, als der Wirbel der Flut, aus der die Midgard-Schlange sich wälzte, das Schiff *Naglfar* flottmachte, das Nagelschiff, das aus den unbeschnittenen Nägeln der Toten erbaut wurde. Nie wäre es fertig geworden, hätte Baldur gelebt. Denn die Gewissenspflicht gebot den Menschen, ihren Toten vor der letzten Ausfahrt die Nägel zu beschneiden, damit die finsteren Mächte sie ihnen nicht nehmen konnten zum Bau von Naglfar[99]. Wer aber von den Menschen fragte noch nach der Pflege der Toten? Beilzeit war und Wolfzeit.

Der Reifriesenfürst *Hrymir* bemannte das Schiff und steuerte die Tausende gegen Asgard. –

Aufs Neue stöhnt von der Entladung der Flammen, die Eis und Stein durchbrechen, die Welt in allen Fugen. Ein Sterbeschauer durchbebt die Welt-Esche *Yggdrasil,* und die Brunnen an ihren Wurzeln schäumen über.

Zum letzten Mal beugt sich Wodan über den Brunnen Mimirs und raunt mit dem Haupte des Urweisen. Dann schreitet er einsam nach

---

[99] *Naglfar (nord. Myth.):* Totenschiff

Asgard zurück, bindet den Goldhelm unter dem Kinn und greift nach dem Speer *Gungnir*. Er kennt sein Schicksal. Sein Einauge blickt groß und königlich. –

Ein neuer Donnerschlag erschüttert das Weltall. Die Flammen haben die Gewalt. Schlag folgt auf Schlag, ein tosendes Erdbeben dem anderen, dass kein Felsen auf dem andern bleibt. Ein Jubelgeheul macht die Lüfte erdröhnen. *Loki* ist losgekommen! Die Felswand ist geborsten, die seine Fesseln hielt, die Fesseln sind zerplatzt! Hin stürmt er zur Hel, seiner grausigen Tochter, und ruft die Mörder und Schufte, die Meineidigen und die Hochverräter der Hel-Leute auf zum Kampf gegen die Götter. Entvölkert ist Hel, denn die guten Geister sind geflüchtet im blutigen Wirrsal der Geschehnisse. Aber mit wüstem Totenvolk überladen, steuert Loki das Schiff der Hel gegen Asgard.

Und *Fenris* ist los, der wahnsinnige Wolf, wie Loki, sein Vater, loskam. Blutigen Schaum an den Lefzen, jedes Haar gesträubt, kommt er gerannt, und Loki schreit ihm zu und nimmt ihn an Bord des Höllenschiffes.

Blitzend aber reitet der schwarze *Surtur* heran, der Fürst der zerstörenden Feuergewalten. Auf tausenden von Flammenrossen folgen ihm die Seinen. Über die Brücke Bilfrost reiten sie gegen Asgard, und die Himmelsbrücke birst unter den Hufen ihrer Pferde.

In Rauch und Flammen gehüllt, kreist die entsetzte Erde, und die Zwerge hasten an den verschütteten Höhlen auf und nieder und suchen wimmernd den Eingang.

* * * * *

Zum zweiten Mal stößt Heimdall ins Horn, gellend und gebietend wie Adler-Ruf. Da ordnen sich die Scharen der Asen und Einherier.

Und zum dritten und letzten Mal stößt Heimdall ins Horn. »Vorwärts, ihr Asen-Götter, vorwärts, ihr Einherier-Helden, in die Unsterblichkeit!«

Aufsprangen die fünfhundertundvierzig Türen Walhalls. Und die Wodansmänner zogen aus zu Fuß, zu Ross und zu Wagen, und Walvater Wodan führte sie.

Auf dem Sturmross *Sleipnir* ritt er in schimmernder Brünne, den Goldhelm auf dem Haupt, den Todesspeer in der Hand. An seiner Seite schritt wuchtenden Ganges der Donnerer, den Hammer *Mjolnir* in der Faust. Unbeirrt ihnen nach alle die anderen, die Todesmutigen. –

Auf der Ebene *Wigrid*, dem Kampfreitplatz vor Walhall, treffen sie auf den Feind, der wie nimmer sich erschöpfende Wasserfluten anschwillt und vorwärtsdrängt. Hoch hebt sich Wodan in den Steigbügel. Sein Einauge funkelt und blitzt. Und zischend fährt sein Todesspeer als erster Kampfgruß über die Köpfe der Drängenden.

Schon sind die Massen im Kampf. Surturs Feuerreiter verbrennen Wiesen und Weiden. Aber die Einherier fürchten nicht Flammen noch Rauch. Nicht umsonst ist Sigurd durch die wabernde Lohe zu Brynhild, der Walküre geritten, nicht umsonst kämpften die Helden alle in brennenden Hallen. Mit dem Blut der Erschlagenen dämpfen sie die Glut des Kampfplatzes und werfen die Brandreiter zurück.

Mit den Riesen vermengen sich die Leute der Hel und wüten wie Tiere. Felsen schleudern die Riesen, die zermalmend niederschmettern, und die Hel-Leute geben den Verwundeten den Rest mit dem feigen Dolch. Der Donnerer sieht es. Schon ist er mitten unter ihnen. Von den Riesen kennt er die meisten. Nun lernen sie seinen Hammer kennen. Der krachte in die Schädeldecken und fuhr im Schwung in des Gottes Faust zurück, um sie im Schwung wieder zu verlassen und Schädel zu zertrümmern, Schädel, nichts als Schädel.

Wo die Gefahr am größten war, dorthin spornte Wodan sein Ross. Mit dem Schwert schlug er die Gefährten aus den blutigen Knäueln heraus, sammelte die Aufatmenden um sich und führte sie aufs neue ins Handgemenge. Mit der Peitsche holte er die Schwarzalben und tückischen Trolle aus der Luft, dass sie wimmernd verschieden. Wo Wodan ritt, häuften sich Leichen.

* * * * *

Und plötzlich erschauert die Welt, wie sie nie erschauert war.

Der *Fenriswolf* rennt. Alle Grenzen hat seine losgelöste Wut überschritten. Mit aufgerissenem Rachen rennt er, dass sein Unterkiefer über die Erde fegt und sein Oberkiefer die Wolken durchstößt. Alles schlingt er herunter, was zwischen Himmel und Erde ist.

Da packt selbst die Tapfersten lähmendes Grauen, und die Schar der Asen, die Haufen der Einherier weichen zurück. Wodan sieht es. Er weiß, das Werk der Götter ist noch nicht vollbracht. Kein neuer Himmel kann sein, wenn die alten Unholde bleiben.

Ein Opfer muss her!

Wer bringt das Opfer, das ein Leben verlangt?

Der Führer bringt es, wer sonst?

Dem rasenden Wolf entgegen wirft sich Wodan, der *Eine* allein. Er schwingt sich vom Ross, und der wütende Wolf schlingt den ledigen Hengst. Wodan greift an. Er hemmt des Untieres Lauf und bringt es aus der Bahn. Asen und Einherier sammeln sich. Sie kommen zu sich und sehen: es gibt keine Gefahr, die ein Mutiger nicht angehen kann. Das aber hat Walvater gewollt. Dafür ist die Preisgabe des besten Lebens nicht zu groß. Im Kampf mit dem Fenriswolf endet das seine. Wodans Königsseele weicht ins All. –

Widar gewahrt es, der ›Gott mit dem Schuh‹, der Wodanssohn. Nun kommt ihm der Schuh, der das Leder aller Länder als Opfergaben trägt, wohl zu statten. Er tritt dem Wolf in den Rachen und stemmt ihm mit dem zentnerschweren, undurchdringlichen Schuh den geifernden Unterkiefer auf dem Erdboden fest. Mit der Linken packt er den Oberkiefer. Die Rechte, die Schwerthand, hält die zweischneidige Klinge. Weit aus holt Widar und stößt dem Untier das Schwert bis an den Knauf durch den Rachen ins Herz. Blutrache! Blutrache für Allvater Wodan.

Da ward das Werk vollendet. Da brachen die Asen und Einherier wie Wetter in den Feind, das Vorbild zu erreichen, im Sterben würdig zu sein ihres Lebens, das ist: würdig der Unsterblichkeit.

Giftschnaubend wälzte sich die *Midgardschlange* heran. Ihr Pesthauch allein tötete. Aber schon stand der Donnerer vor ihr, der sie schon einmal an der Angel fing, als er Hymirs Kessel holte. Aufbäumte sich die Riesenschlange gegen den alten Todfeind. Diesmal entging sie ihrem Schicksal nicht. Der Hammer Mjolnir stand funkelnd über ihrem Haupt, und der Zermalmer durchschlug ihr den Schädel. In einer Wolke von giftigem Odem verging die Midgardschlange. Neun Schritte tat der Donnerer in der Giftwolke zurück. Dann verging ihm der Atem. Er, der den Menschen mit Blitz und Donner die Lüfte gereinigt hatte, konnte nicht leben im Dunst des Wurms. Die Freiheitsaugen brachen ihm. So folgte er Wodan. –

Und Freyer, der Sonnengott, folgte, vom Schwert Surturs, des unheilig lodernden Feuers, getroffen. Und Ziu, der furchtlose Schwertgott, den die Nordmänner Tyr anriefen und dem die Jünglinge ihre Schwertertänze weihten, er, der dem Fenriswolf einstens die Rechte in den Rachen gelegt hatte, traf auf den leichenzerreißenden Hund der Hel, und während ihn der Hund zu Tode biss, erwürgte er ihn. Heimdall aber, der treue Wächter, stieß auf Loki, den Verräter, den er schon einmal im Kampf um

Freyas Halsgeschmeide *Brisingamen* bestanden hatte, und so wild gingen sie aufeinander an und so wenig wollten sie voneinander lassen, dass sie beide von Wunden überdeckt zu Tode sanken. –

In dem Glutmeer, das Surtur entfachte, ist nicht mehr zu leben. Und dennoch geht das Würgen weiter, weiter bis auf den letzten Mann. Die Walküren sind gefallen, die Ger-bewaffneten Göttinnen mit ihnen. Die Einherier, die Germanen-Helden, haben sich den Göttern gleich erwiesen und die Riesen und Unholde trotz ihrer Übermacht zu ekligem Brei gestampft. Fast mit den letzten Feinden fallen ihre Letzten. Die riesischen Wölfe haben Sonne und Mond erreicht und sie verschlungen. Aber die Sonne gebar in ihrer Not ein Kind, und es spielt abseits auf einer Himmelswiese.

Durch die Welt lodert das Feuer, und das Eis der Gletscher schmilzt und wirft sich in Wasserströmen über glühende Erde, bis endlich, endlich die Glut erlischt.

Nacht bricht herein. In Nacht versinkt die sterbende Welt. –

* * * * *

Und ein Tag bricht an, ein neuer Tag.

Das spielende Sonnenkind hebt sich am Himmelsrand und lacht in Unschuld auf die Erde nieder. Es lockt und schmeichelt und tut schön mit seinen hellen Augen und seinen warmen Händen, bis es unter dem Schutt sich regt, den Feuer, Wasser und Erde hinterlassen haben, und ein paar schüchterne Gräser hervorkeimen. Ah, wie ist die Luft so klar und rein, das Leben so köstlich und lebenswert. Bald ist der Boden von Blumen übersät, die Sträucher schlagen aus, die Bäume treiben Knospen. Und aus einem hohlen Baumstamm, der sich über und über mit Laub bedeckt, tritt ein Menschenpaar, das sich vor Feuersbrunst und Wasserflut in die rettende Höhlung geflüchtet, tastet sich furchtsam vor und steht überrascht in der neuen Sonne, dem neuen Lenz der Erde, dem neuen Menschenfrühling.

Und das überglückliche Menschenpaar hebt seine Augen und sucht seine Götter. –

Über Asgards verwüstete Fluren schreitet ein Wanderer. Schlank ist er und ewigjung, und goldrote Locken wehen ihm um die Schläfen. Er kommt aus der Hel gewandert, die verlassen liegt. Und wo er geht, ist Licht und Wärme, Werden und Schöpfermut.

Baldur ist heimgekehrt. Nun muss alles Leben auferstehen.

An der Hand führt er Hödur, den blinden, der ihn einst mit der Mistel niederwarf. Wie Brüder wandern sie Hand in Hand, und wenn der eine im Schlaf neue Kräfte sammelt, wacht der andere. Bald Baldur, bald Hödur. Tag und Nacht haben sich gefunden und sich verbunden zum Wohle der Welt und ihrer Kräftigung. Tag und Nacht, Sommer und Winter.

Unter Baldurs Schritten wachen die Fluren Asgards auf. Es grünt und blüht auf allen Gefilden, und kein Platz ist mehr für üble Gelüste und unwürdig Tun. Die Luft ist geläutert. Frühling –!

Es ist das alte Asgard nicht mehr, ein neues blüht aus den Kampfestrümmern und will neues Glück. *Idafeld*[100] nennt Baldur das alte Asgard-Land, das ›Feld der Auferstehung‹.

Und wie er hinausblickt über alle Wege, sieht er zwei Wanderer schreiten von rechts und zwei Wanderer von links. Und die Wanderer von rechts erreichen ihn, und es sind die Wodanssöhne Widar und Wali. Widar, der den Vater rächte, und Wali, der Blutrache nahm für den Bruder Baldur. Darum gehen sie in den neuen Himmel der Germanen ein. Und die Wanderer von links treten hinzu, und es sind die Donarsöhne Modi und Magni, die den Hammer des Donnerers bringen, mit ihm des Vaters Kraft und den Zorn seiner Gerechtigkeit.

Nach links und nach rechts streckt Baldur seine Hände, Glückslachen auf den Lippen.

»Wodan und Donar, ihr konntet nicht sterben, ihr lebt fort im Germanenvolk in verjüngter Gestalt, ewig und ewig, solange der Donner kracht zur Sommerzeit, solange der Herbststurm braust und ein Menschenaug in Wolken die wilde Jagd erblickt. Willkommen ihr alle zu neuen Schöpfungswerken! Den Frieden wollen wir im Himmel und auf Erden. Den Frieden der Freien. Keinen anderen Frieden für und für. Dessen sei uns des starken und gerechten Donars Hammer ein Zeichen.«

Sie legen die Hände ineinander zum Schwur und schaffen einen neuen Hochsitz.

»Für den großen Gott, der uns führen wird.«

---

[100] *Idafeld*, das Feld der Auferstehung, so nannte Baldur das alte Asgard. – Nach dem Weltuntergang schreitet Baldur mit seinem Bruder Hermod über die neue Welt und besichtigt die alten Stätten. Ein neues Menschengeschlecht entsteht.

Und sie sprechen Allvaters Worte nach:

»Götter sterben nicht. Götter und Helden erstehen neu, wenn sie sich würdig erwiesen. Würde ist nicht das bisschen Tugend des Tages. Würde ist, für sein Leben und Schaffen sterben können. Das allein macht *un*sterblich.«

* * * * *

Zu allen Zeiten lebte das Germanenvolk wie seine Götter. Der Götter Tugenden waren die seinen und der Götter Fehler, der Götter Kraft und der Götter Kriege, der Götter Niedergang und der Götter Auferstehung. Du aber, mächtigster Germanenstamm, erkenn aus der Urväter Tagen, dass deine Götter und Helden niemals dem Schicksal schwächlich in die Augen sahen, dass sie es kühn erwarteten und sich bis aufs letzte Blut mit ihm schlugen, wie Männer tun, im Zeichen des Hammers.

— ENDE —

Glossar: Liste germanischer Götter, Sagengestalten und Symbole

— Die hier verwendete Schreibweise kann in anderen Quellen abweichen —

Adler
Beheimatet im nördlichen Geäst des Weltenbaumes Yggdrasil. Zur besseren Sicht sitzt zwischen seinen Augen der Habicht Vedrfölnir. Der unbenannte Adler steht im Streit mit dem Drachen Niddhögr, der Stamm und Wurzel des Weltenbaumes beschädigt und die Toten quält. Zwischen Adler und Drachen vermittelt das Eichhörnchen Ratatöskr den permanenten Streit.

Ägir
Riese aus Jotunheim und Herrscher über die weiten Meere. Zeugte neun Töchter mit seiner bösen Gemahlin Ran. Er galt als guter Gastwirt der Asen.

Agnar
Der junge König Agnar befand sich im Krieg mit dem greisen König Hialmgunnar. Nachdem die Walküre Brynhild dreimal vergebens versucht hatte, Agnar mit ihrem Speer zu töten, entschied sie sich ob seiner Jugend anders und tötete stattdessen den alten König Hialmgunnar mit ihrem Speer.

Angurboda
Scheußliche Riesin, die Loki hässliche Drillinge gebar: den Fenriswolf, die Schlange Jormungand und das Weib Hel.

Asen
Auch ›die Göttlichen‹ genannt. Die ersten waren die Brüder Odin, Hönir und We (Vé). Die Asen bewohnten Asgard.

Asgard
Wohnstätte der Asen (Götter)

Audhumla
Sie leckte Buri, den Stammvater aller Götter in drei Tagen aus einem Salzstein: 1. Tag: Haare, 2. Tag: Kopf, 3. Tag: Körper.

Baldur
Auch ›Balder‹ genannt. Sohn Odins und seiner Gemahlin Frigg. Der friedlichste und reinste Gott.

	Er wurde durch eine List Lokis von seinem Zwillingsbruder Hödur durch einen Mistelzweig getötet und auf dem Schiff Ringhorn bestattet, zusammen mit seiner Gemahlin Nanna.
Baugi	Der Riese Baugi ist der Bruder von Suttung. Baugi wird von Odin überredet, einen Tunnel durch den Berg Hnitbjörg zu bohren, um an den Zauber-Met zu gelangen.
Berserker	Den tapfersten Kämpfern verlieh Odin die Gestalt von Berserkern, die Bärenhäutigen genannt.
Beowulf	Beowulf war ein schwedischer König. Gehörte dem Stamm der Wägmunde an, der auf die Götter zurückging.
Bilfrost	Die als Regenbogen gespannte Brücke zwischen der Welt der Götter und den Menschen (Asgard und Midgard). Bewacht vom Gott Heimdall.
Bilskinir (Blitz)	Größter Palast in Asgard. Wohnstätte des Donar/Thor.
Birsingamen	Die von vier Zwergen für die Göttin Freya geschmiedete Halskette. Sie verstärkte die Zauberkraft Freyas. Für diese Halskette musste Freya mit jedem Zwerg eine Nacht verbringen. Der Name Birsingamen steht für ›Zusammenflechter‹, denn diese Kette an Freyas Hals flocht Tag und Nacht lieblich zusammen.
Breidablick	Sonnendurchfluteter Prunksaal des lieblichen Baldur.
Borghild von Bralund	Gemahlin des Königs Sigmund und Mutter des Sohnes Helgi.
Brock und Sindri	Zwei Zwerge, die als die größten Meister aller Unterirdischen galten. Sie schmiedeten für Loki goldenes Haar aus Sonnenstrahlen, das er auf Befehl Odins zur Wiedergutmachung an der Göttin Sif benötigte. Die Zwerge schenkten Loki auch noch den Speer Gungnir, der nie sein Ziel verfehlte

	und für die anderen Asen das Wunderschiff Skidbladnir
Brugi	Vertrauter des Dänenkönigs Hildetand. Odin nahm Brugis Gestalt an, um sich täuschend dem Dänenkönig zu nähern.
Brynhild	Eine der Walküren, tritt mehrfach in Aktion.
Bur	Auch Börr genannt. Sohn des Götterstammvaters Buri. Buri gilt als der Schöpfer der Bruder-Götter Odin (Odin), Hönir (Wili) und We.
Buri	Stammvater aller Götter; entstanden aus den reinen göttlichen Gedanken und durch die Milchkuh Audhumla.
Cherusker	Herman der Cherusker aus Midgard. Germanischer Besieger der Römer. Er hat einen Ehrenplatz bei den Einheriern in Walhall. Odins Liebling.
Donar	siehe Thor.
Draupnir	Zauberring (Tröpfler) der Zwerge an Odin.
Einherier	Die göttlichen Streiter, die als gefallene Krieger nach tapferem Kampf von den Walküren zu Odin nach Walhall gebracht wurden.
Erdenwelt	Die Erdenwelt entstand aus den Elementen Erde, Wasser, Feuer und Luft aus den Kräften von Muspelheim und Niflheim – geschwängert aus allen Gedanken der Weltseele.
Fenris	Ein Riesenwolf. Gezeugt von Loki und Angurboda. Fenris bedrohte stets die Götter und musste deshalb mit dem magischen Faden gefesselt werden. Beim Untergang der Asen befreite er sich und verschlang Odin. Erst Odins Sohn Vidar konnte den Fenriswolf danach endlich zur Strecke bringen.
Folkwang	Wohnsitz der Göttin Freya in Asgard, das ist ›Sammelstätte des Volkes‹.

Forsetti	Sohn Baldurs und seiner Frau Nanna. Er war der Gott der Gerechtigkeit und saß der Thing-Versammlung im Himmelssaal Glitnir vor.
Freya	Wanen-Göttin der Liebe und der Ehe. Trug zur Beständigkeit ihrer Zauberkraft die von Zwergen geschmiedete Halskette Birsingamen. Besaß außerdem einen Zauberwagen, der von Waldkatzen gezogen wurde und ein Falkengewand, wodurch sie fliegen konnte.
Freyer	Lieblicher Wanen-Gott der Fruchtbarkeit und der Jagd, Sohn des Njord. Fällt beim Ragnarök (die Bezeichnung für den Untergang des Asenreichs, siehe auch Fußnote 71), weil er ohne sein Schwert ist, das ihm ansonsten Zauberkraft verlieh.
Frigg	Gemahlin Odins. Sie gebar ihm mehrere Asen-Söhne. Darunter den lieblichen Baldur.
Fylgien	Seelenfrauen, die von Odin denjenigen vor Augen geführt wurden, die im Kampf beraten und beschirmt werden sollten.
Galar und Fjalar	Die beiden Zwerge erschlagen den Weisen Kwasir, um an seine zauberische Dichtkunst zu gelangen. (siehe Näheres bei Kwasir).
Garm	Hund der Hel zur Bewachung des Eingangs zur Totenwelt am Fluss Gjöll. Garm wohnt in der Höhle Gnipahellir. Im Weltuntergang Ragnarök wird er im Zweikampf mit Tyr getötet.
Gefjon	Eine Asen-Jungfrau und Freundin Odins. Göttin des Glücks, der Fruchtbarkeit und des Segens. Kennt wie Odin alle Geheimnisse der Welten. (Manche Quellen rechnen Gefjon jedoch den Wanen zu.)
Geirröd	Bösartiger Riese, dem Loki auf dem Leim geht (sitzt als Falke auf Geirröds Kamin fest). Der Befreiungskampf endet mit der Vernichtung Geirröds durch Thors Hammer.

Ger	Germanischer Wurfspeer. Ursprung für die Bezeichnung der Germanen.
Geri und Freki	Zwei Wölfe Odins, die in Walhall alle Speisen fressen, sodass sich Odin nur noch von Met ernähren kann.
Gjallahorn	Alarmhorn, mit dem Heimdall die Asen vor dem Untergang warnte. Nur mit diesem Horn wurde aus dem Brunnen Mimirs der Met geschöpft.
Gladsheim	So hieß Odins goldglänzende Burg in Asgard, die ›Welt der Wonnen‹, und der mächtigste Saal darin war Walhall.
Gleipnir	Magischer Faden, der von den Zwergen gefertigt wurde, um den Wolf Fenris an einen Felsen zu fesseln.
Glitnir	Prächtiger Himmelssaal, in dem Forsetti, der Sohn Baldurs, die Gerechtigkeit verwaltete.
Grendel	Nebelriese der Sturmflut. Dieser böswillige Riese hatte einen ungeheuren Feuer-Atem.
Gullweig	Eine Zauberin aus dem Wanenreich, die die Asen auf einem Fest nach der Rückkehr Odins von der Jagd nach den Gespenstern verhexte. Odin durchbohrte sie dreimal mit seinem Speer aber sie konnte entfliehen. Die Wanen zogen dann aus Rache gegen die Asen.
Gungnir	Der nie sein Ziel verfehlende Speer Odins.
Gunnlod	Tochter des Riesen Suttung. Gunnlod wurde zur Bewachung des gestohlenen Dichter-Mets von Suttung in einen Berg gesperrt. Von Odin verführt, gibt sie den Dichter-Met preis.
Heidrun	Eine auf dem Dach von Walhall lebende Ziege, aus deren Euter köstlicher Met floss, ohne je zu versiegen. Gereicht durch die dortigen Schildmädchen.

Heimdall	Heimdall, ein Gott, war der Sohn von neun Schwestern und bewachte die Regenbogen-Brücke Bilfrost, die Asgard mit Midgard verband. Er war der beste Wächter, da er nie schlief und das feinste Gehör hatte. Mit seinem Gjallahorn warnte er, ergebnislos, die Asen vor dem Untergang (Ragnarök).
Hel	Eine von Loki und der Riesin Angurboda gezeugte Unheils-Riesin, die den Göttern ständig Angst machte und daher von Odin in die Totenwelt nach Niflheim verbannt wurde. Dort nimmt sie die Toten auf, die an Alter und Krankheit verstarben. Ihr zu Hilfe bewacht der Hund Garm den Eingang zur Totenwelt. Hel galt als gerechte Riesin.
Helgi	Sohn des Königs Sigmund und der Borghild von Bralund. Helgi zog mit seinem Stiefbruder Sinfiötli gegen König Hunding, den Erbfeind der Wolsungen, und tötete ihn und seine vielen Hundingssöhne. Deshalb Hundingstöter genannt. Helgi war zusammen mit der schönen Schild-Maid und Walküre Sigrun.
Hermodur (Hermod)	Er war der schnelle Götterbote und Baldurs Bruder. Er begrüßte die Toten in Walhall. Sollte auf Geheiß seines Vaters Odin seinen toten Bruder Baldur aus dem Totenreich zurückholen.
Hialmgunnar	Hialmgunnar war ein alter König, der mit dem jungen König Agnar im Krieg stand. Die Walküre Brynhild besiegte Hialmgunnar im Kampf, obwohl Odin dies Brynhild untersagt hatte. Zur Strafe verbannte Odin Brynhild zu den Sterblichen.
Hildetand	Der Dänenkönig Harald Hildetand, genannt ›Eberzahn‹, befreite Dänemark mit Odins Hilfe in mehreren Schlachten von den Schweden. Odin verhalf seinem Liebling Hildetand zu fünf Jahrzehnten Herrschaft, holte ihn danach aber in der Gestalt von Brugi durch sein Schwert zu sich an die Tafel der Einherier.

Hödur	Blinder Zwillingsbruder Baldurs. Er tötete durch eine List Lokis, der Hödurs Blindheit nutzte, seinen Zwillingsbruder mit einem Mistelzweig.
Hönir	Ase, ein Bruder Odins. Gab den ersten Menschen in Midgard Seele und Bewegung der Glieder. Hönir war friedfertig und einer der wenigen Überlebenden des Untergangs (Ragnarök).
Hrungnir	Mächtiger Stein-Riese, besitzt ein Prachtpferd namens Gullfaxi. Im Wettstreit von Gullfaxi mit Odins Pferd Sleipnir wird Hrungnir von Thor erschlagen.
Hugin und Munin	Raben des Odin. Sie umfliegen täglich alle Welten und berichten somit Odin jede Neuigkeit.
Hymir	Über das Eismeer herrschte der Frostriese Hymir, vor dessen eisigem Blick Felsen zerbarsten wie Glas.
Hyrrokkin	Riesin, die einen Wolf mit Schlange reitet und als einzige in der Lage ist, das Schiff Ringhorn zur Bestattungsfeier Baldurs zu Wasser zu stoßen.
Idafeld	Idafeld, das Feld der Auferstehung, so nannte Baldur das alte Asgard. [Anm.: Nach dem Weltuntergang schreitet Baldur mit seinem Bruder Hermod über die neue Welt und besichtigt die alten Stätten. Ein neues Menschengeschlecht entsteht.]
Idun	Gemahlin des Dichtergotts Bragi. Göttin der Jugend und Unsterblichkeit. Sie ist Hüterin der goldenen Äpfel, die diese Eigenschaften verleihen.
Jörd	Die Erdgöttin genannt. Mutter von Thor.
Jormungand	Eine von Loki und der Riesin Angurboda gezeugte Riesenschlange, die in der tiefen See lebt und Midgard umschlingt. Beim Weltuntergang wird sie von Thor getötet, der aber auch an ihrem Gift stirbt.

Kwasir	Zur Bekräftigung des Friedensvertrages zwischen Asen und Wanen wurde der Weise Kwasir aus Speichel und Honig geschaffen. Die Zwerge Galar und Fjalar erschlugen Kwasir, um an seine Weisheit zu gelangen. Aus Kwasirs Blut, gemischt mit Honig, gewinnen sie den Dichter-Met. Wer davon trinkt, dem wird die Dichtkunst geschenkt.
Loki	Er ist der verschlagene und listenreiche Gott des Feuers und der Hitze. Er wurde gezeugt von den Riesen Farbauti und Laufey (Nal). Loki ist Vater des Riesenwolfs Fenrir, der Midgardschlange Jörmungand und der Todesgöttin Hel. Loki ist in der Lage, jede andere Gestalt anzunehmen. Loki wird trotz seiner Herkunft zu den Asen gezählt, denen er grundsätzlich gut zugetan ist. Von den Asen wird er am Ende verstoßen, weil durch seine List der liebliche Gott Baldur zu Tode kommt.
Magni	Gott der Kraft. Lieblingssohn des Thor und seiner Geliebten Jarnsaxa. Magni erbte nach dem Untergang der Asen (Ragnarök) den Hammer seines Vaters Thor.
Midgard	Wohnort der Menschen in der Mitte des Weltenbaumes Yggdrasil.
Mimir	Ein Thurse (Riese aus Jotunheim), der einen der Quellbrunnen der Welt-Esche Yggdrasil bewachte. Um die Weisheit vor der Zeit aller Zeiten zu erlangen, musste Mimir jeden Morgen Met aus dem Brunnen trinken. Zudem musste Odin ein Auge opfern und als Pfand (Der Riese Mimir traute nämlich dem Gott Odin nicht!) in den Brunnen legen, um von Mimir sein Schicksal zu erfahren. Mit Odins Auge holte Mimir die Weisheit tropfenweise aus dem Brunnen. Der hierbei getrunkene Met durfte nur mit dem Gjallahorn aus dem Brunnen geschöpft werden.

Mjölnir	Der unbesiegbare Hammer des Thor. Von Zwergen geschmiedet trifft er jedes Ziel und kehrt stets zum Werfer zurück.
Modgud	Eine Jungfrau (bedeutet: Seelenkampf), die Hermod, den Bruder von Baldur, vor dem Totenreich empfing und zu Hel führte.
Modi	Gott des Zorns. Sohn des Thor und seiner Geliebten Jarnsaxa.
Muspelheim	Welt des Feuers im Süden, am Rand des Weltenbaumes Yggdrasil.
Nanna	Baldurs geliebte Gemahlin. Gebar ihren Sohn Forsetti. Sie brach vor Trauer über Baldurs Tod zusammen und wurde zusammen mit ihm auf dem Schiff Ringhorn bestattet.
Niddhögr	Drache am Fuß des Weltenbaumes. (Siehe: Adler)
Niflheim	Auch Nebelheim genannt; Welt im Norden des Weltenbaumes Yggdrasil mit Kälte, Eis und Stürmen.
Njord	Ein Wanen-Gott der Meere und des Ozeans, Vater von Freyer und Freya.
Nornen	Urd, Skuld und Werdandi waren die drei Schicksalsgöttinnen (Nornen), die aus dem Urd-Brunnen am Fuß der Welt-Esche Yggdrasil jedem das Schicksal zu sagen wussten.
Odin (Wodan)	Auch als Wodan in der Mythologie geführt, vom Menschengeschlecht ›Odin‹ genannt. Von seinen Brüdern Lodur, Wenir und We (Ve) als der Hauptgott ›Allvater‹ anerkannt. Besitzt in jeder Hinsicht überragende Fähigkeiten. Überblickt alle neun Welten von seinem Sitz in Asgard im Weltenbaum Yggdrasil. Odins Gemahlin war Frigg.
Odrerir	Kessel, in den das Blut Kwasirs aufgefangen wurde, um mit Honig gemischt die reine Dichtkunst zu

erschaffen. Zusätzlich wurden zwei Krüge benötigt Son und Bodn (Sühne und Anbietung).

Ragnarök	Untergang des Asenreiches. Kampf der Asen, Einherier, Riesen, Wanen und Spukgeister (Trolle, Alben, Mare). Modi und Magni, die Söhne Thors und seiner Geliebten Jarnsaxa, überlebten als eine der wenigen diesen Weltuntergang der Götter. Die Welten des Yggdrasil brechen zusammen unter Eis, Feuer und Sturm.
Ran	Gemahlin des Riesen Ägir, dem sie neun Töchter gebar. Diese Töchter zogen die menschlichen Seefahrer durch listiges Liebesspiel auf den Meeresgrund, in den Todessaal ihrer Mutter Ran.
Ratatöskr	Eichhörnchen im Weltenbaum. Vermittelt im Streit zwischen dem Adler und dem Drachen im Baum. (Siehe: Adler)
Ried (Rind)	Odin zeugt gegen den Willen der Jungfrau Ried den Sohn Wali.
Saga, Fulla, Menglod	Junge Göttinnen und Dienerinnen am Hofe der Muttergöttin Frigg. Fulla war die Hüterin des Schmucks. Neben diesen drei genannten Dienerinnen versahen am Hof noch weitere junge Göttinnen Dienst. In der Hauptsache als Gespielinnen an Festen, vor allem mit jungen Göttern. Saga war hierbei die Lieblingsgespielin Odins.
Sanhrimnir	Ein Eber in Walhall, der einen Braten lieferte, der niemals zu Ende reichte. Der Baten wird gereicht durch die dortigen Schildmädchen.
Seßrymnir	So hieß der Saal ›der an Sitzen geräumige‹ in Freyas Wohnsitz Folkwang.
Sif	Gemahlin des Thor. Schönhaarig wie ein goldwogendes Getreidefeld. Ihr Haar wurde durch Loki abgeschnitten, der zur Wiedergutmachung goldenes Sonnenhaar von den unterirdischen Zwergen Brock und Sindri besorgen musste.

Siggeir	König der Gauten (Goten) und Schwiegersohn des Wolsung, der auf Odin zurückführt. Siggeir tötete beim Festmahl seinen Schwiegervater und vertrieb dessen Söhne. Siggeir und seine Frau Signy kamen später in einem Feuer ums Leben.
Sigmund	Sohn des Wolsung und Zwillingsbruder von Signy, die Siggeir heiratete und mit ihm in Flammen unterging. Sigmund vermählte sich mit der Königstochter Borghild von Bralund. Sie bekamen einen Sohn namens Helgi.
Sigrun	Walküre und Schildmaid, Beschützerin des Helgi. Sie zogen gegen König Hödbrod, dem Sigrun ehedem versprochen war. Sigrun holte Helgi später aus dem Reich Hel zurück und sie blieben ein Paar.
Sigurd	Sigurd Ring war der Neffe von Harald Hildetand und war von ihm zum Schwedenkönig eingesetzt worden. Odin säte Krieg zwischen den beiden. Sigurd ließ Ubbi, den besten Kämpfer Hildetands, durch Bogenschützen töten.
Skidbladnir	Von den Zwergen Brock und Sindri gebautes Wunderschiff, den Asen geschenkt. Es konnte ohne Wind fahren und auch durch den ärgsten Sturm. Es ließ sich zusammenfalten und in die Tasche stecken.
Skrymir	Der Riese Skrymir galt als Großmaul und lieferte sich Duelle mit dem Gott Thor.
Skuld	Schicksalsgöttin, eine der drei Nornen.
Sleipnir	Achtbeiniges Sturmross Odins.
Son und Bodn	Die Krüge, in den das Blut des Weisen Kwasir gemengt mit Honig zum Trinken der Dichtkunst aufgefangen wurde.
Suttung	Ein Riese, der die Zwerge Galar und Fjalar, die seine Eltern töteten, gefangen nahm (und später

	freiließ), um diesen wenigstens den süßen Dichter-Met Odrerir zu entlocken.
Swadilfari	Mächtiges Pferd eines unbekannten Eisriesen. Es wurde zum Bau der Mauer um Asgard eingesetzt. Nach Fertigstellung der Mauer sollte Freya dem Eisriesen zur Gemahlin werden. Durch Lokis List kam der Vertrag nicht zustande.
Tanngniost/-grisnir	Tanngniost, der Zahnknisterer, und Tanngrisnir, der Zahnknirscher, hießen die Böcke vor dem Wetterwagen des Donnergottes.
Thjalfi	Der Schnellläufer am Hofe des König-Riesen Utgardloki.
Thjazzi	Der Sturm- und Frostriese Thjazzi entführt Idun, die Gattin des Bragi, um an die goldenen Äpfel zu gelangen. Er kommt jedoch um, als ihm auf dem Weg nach Asgard von den Göttern die Flügel verbrannt werden.
Thock	Hässliches Riesenweib. Diese Gestalt nahm Loki an, um als einziger gegen die Rückkehr Baldurs aus dem Totenreich zu stimmen, und ihn dadurch für immer nach dort verbannte.
Thor (Donar)	Von den Nordmännern Thor genannt. Der mächtigste Gott nach seinem Vater Odin. Benutzte als Donnergott den mächtigen Hammer Mjölnir. Thor bewohnte Bilskinir, den größten Palast in Asgard, mit über 500 Räumen.
Thrud	Liebliche Tochter des Thor und seiner Gemahlin Sif.
Thrym	Riesenfürst, der vorübergehend Thors Hammer besaß. Er wollte im Gegenzug die Göttin Freya zur Gemahlin. Durch Lokis List wurde Thrym jedoch besiegt, und Thor erschlug mit dem zurückgewonnenen Hammer hunderte von weiteren Riesen einer Hochzeitsgesellschaft.

Thursen, Joten	Gefräßige Riesen aus Jotunheim (Utgard). Unbändig in Kraft und Wut, aber auch die besten Baumeister aufgrund ihrer Riesenkräfte.
Trolle und Riesen	Trolle und Riesen bewohnten die Welt Utgard im Yggdrasil.
Tyr	Gott des Kampfes und des Sieges. Beschützer des Versammlungsortes Thing. Stand Odin sehr nahe. Hatte auch die Namen Tuisko oder Ziu. Namensgebung Tyr durch die Nordmänner (die Menschen). Verlor seine rechte Hand durch den Wolf Fenris, als dieser mit dem magischen Faden Gleipnir an den Fels gefesselt werden soll.
Ubbi	Der treueste Kämpfer des Dänenkönigs Hildetand. Der Friese Ubbi wurde in der Schlacht zwischen Dänen und Schweden von den Bogenschützen des Schweden Sigurd Ring getötet.
Uller (Ullr)	Der Stiefsohn von Thor. Gott der Jäger. Er war über den Winter und das Eis und den Schnee gesetzt.
Urd	Schicksalsgöttin, eine der drei Nornen.
Utgardloki	Der König der Riesen und Trolle, der gemäß seiner Namens-Zusammensetzung von Utgard und Loki lustwandelt.
Vedrfölnir	Habicht zwischen den Augen des Adlers im Weltenbaum. (Siehe: Adler)
Walgrind	Totenpforte zu Walhall.
Walhall	Prunkvollster Saal der Burg Gladsheim in Asgard.
Wali	Gegen den Willen der Jungfrau Ried von Odin gezeugter Sohn, der Baldurs Mörder erwürgte.
Walküren	Töchter von Odin und seiner Gemahlin Frigg. Anführerin war Brynhild. Sie halfen mit aller Macht ihren Freunden und taten alles, um die Feinde zu

schwächen. Auch Schild- oder Schlachtjungfern genannt.

Wanen	Unterhalb von Asgard im Weltenbaum Yggdrasil lag das Wanenreich (Wanaheim). Die Wanen waren Lichtgötter, die einer Welt der Schönheit und des Genusses frönten und damit auch den Menschen in Midgard das Gold und Glück bringen wollten. Odin missbilligte dieses Vorgehen und sah mit Angst auf die Abkehr der Menschen vom wahren Glauben an die Götter. Mit seinem Sturmross ›Sleipnir‹, den Raben ›Hugin‹ und ›Munin‹ und Wölfen ›Geri‹ und ›Freki‹ zog Odin gegen die Gespenster, nämlich die Schwarzalben und Truden, die Maren und Schrate, die seine Menschen verführen wollten.
Werdandi	Schicksalsgöttin, eine der drei Nornen.
Werwölfe	Die Gestalt von Werwölfen, die Wolfshäutigen, verlieh Odins tapferen Kämpfern.
Wieland	Ein Schmied, der zusammen mit seinen Brüdern den Walküren beim Baden die Kleider versteckte und zur Einlösung alle Liebes- und Lebenskünste von den Walküren empfing. Die Walküren fanden ihre Schwanenkleider jedoch nach neun Jahren selbst und entflohen dem Schmied. Wieland war danach in König Nidungs Gefangenschaft geraten, der ihm die Fußsehnen zur Vermeidung der Flucht durchtrennte. Wieland fertigte sich aufgrund der gewonnenen Kenntnisse bei den Walküren selbst ein Flügelkleid und entfloh gen Asgard.
Wigrid	Eine Ebene vor Walhall. Kampffreiplatz.
Wingolf	Bezeichnung der ›heiteren Halle der Göttinnen‹ in der Burg Gladsheim in Asgard.
Wodan	siehe Odin

Wolwa	Die Weissagerin, die jenseits von Hel im Grabe ruht. Nur dem Odin weissagt sie, wer Baldurs Tod rächen wird und versinkt wieder im Totenschlaf.
Yggdrasil	Der Weltenbaum, auch ›Welt-Esche‹ genannt, beherbergt alle neun Welten, die der Allvater Odin geschaffen hatte: Asgard, Alfheim, Wanaheim, Muspelheim, Nidavellir, Jotunheim (auch Utgard genannt), Helheim, Niflheim und Midgard.
Ymir	Der Ur-Riese, den die Götter Odin, Hönir (Wili) und We erschlugen, weil er die entstehende Erdenwelt zu verschlingen begann. Aus seinen Überresten entstand die Erdenwelt Midgard.